LAS VENTAJAS DE MANDARLO TODO A LA MIERDA

SARAH KNIGHT

LAS VENTAJAS DE MANDARLO TODO A LA MIERDA

Cómo dejar de perder el tiempo que no tienes con gente que no te importa haciendo cosas que no te gustan

Traducción de Patricia Pérez Esparza
y Juan Pascual Martínez Fernández

temas de hoy

149

Título original: *The Life-Changing Magic of Not Giving a Fuck*
y *The Life-Changing Magic of Not Giving a Fuck. Journal*

Corrección de estilo de cargo de Rosa Iglesias Madrigal

temas de hoy, un sello editorial de Editorial Planeta, S. A.
Avda. Diagonal, 662-664, 08034 Barcelona (España)
www.planetadelibros.com

Primera edición: marzo de 2024
ISBN: 978-84-19812-39-1
Depósito legal: B. 3.237-2024
Composición: Papyro
Impresión y encuadernación: Rotoprint By Domingo
Printed in Spain - Impreso en España

ÍNDICE

UNA PUÑETERA ADVERTENCIA

Este es un libro sobre mandar a la mierda. Confieso que, para probar mi método, he desechado muchos objetos, conceptos, eventos, actividades y gente de mi vida. Puedes no estar de acuerdo con mis elecciones. Me parece justo. Incluso podrías llegar a reflejarte en estas páginas, sobre todo si eres madre de niños pequeños, entusiasta del karaoke, amiga, familiar o mi excompañera de colegio. Si es así, o tienes razón o estás delirando. Sea como sea, si algo de lo que he escrito te parece ofensivo, entonces **de verdad** necesitas este libro. Ve de inmediato a la página 37: «Tienes que mandar a la mierda lo que piensen los demás».

Otra cosa: de ningún modo esta parodia ha sido preparada, aprobada, respaldada o autorizada por Marie Kondo o sus editores.

INTRODUCCIÓN

Si eres como yo, has estado desperdiciando demasiados recursos en demasiadas cosas durante demasiado tiempo. Estás sobrecargada y abrumada por la vida. Estresada, ansiosa. Tal vez, incluso, presa del pánico por culpa de tus compromisos.

Las ventajas de mandarlo todo a la mierda es un manual para todas las que trabajamos demasiado, jugamos muy poco y nunca tenemos el tiempo suficiente para dedicarlo a las personas y las cosas que de verdad nos hacen felices.

Tenía casi treinta años cuando comencé a darme cuenta de que era posible dejar de sacrificarme, pero tenía ya casi cuarenta cuando descubrí cómo hacerlo a gran escala. Este libro es la culminación de todo lo que he aprendido sobre mandar a la mierda, un testimonio del placer que me ha producido y una guía paso a paso para aquellas que deseen romper las cadenas de una vida despreciable y cambiarla por una más saludable y feliz.

Si el título te suena familiar, ¡felicidades!: no has estado viviendo bajo una roca. *La magia del orden*, de la experta japonesa del despeje, Marie Kondo, ha escalado a las listas de éxitos de ventas en todo el mundo. Millones de personas han descubierto su método Konmari de dos pasos: descartando primero los elementos que no «provocan alegría» y organizando luego los restantes. El resultado es un espacio de vida limpio y tranquilo que, según afirma la señora Kondo, promueve la transformación incluso fuera del hogar.

Entonces, ¿qué tiene que ver un manual japonés de organización con mi manifiesto sobre mandar a la mierda?

¡Pensé que nunca lo preguntarías!

La señora Kondo podrá ser remilgada, amable y eficaz para organizar tu desorden físico, pero yo tengo algo distinto para ti...

VAMOS A ORDENAR TU CAJÓN DE COSAS

En el verano de 2015 dejé mi trabajo en una importante casa editorial y una carrera de quince años para comenzar mi propio negocio como editora y escritora independiente. El día que salí de la sede de la empresa (deslizándome por la escalera más rápido que una gorda en un tobogán), borré de un tajo toda una categoría de cosas que antes me preocupaban: mis supervisores, los compañeros de trabajo, el transporte público, la ropa, el despertador y más. Dejé de preocuparme por la reunión con los de Ventas. Dejé de preocuparme por las «reuniones informales de negocios» y las «juntas oficiales». Dejé de llevar la cuenta de los días que faltaban para mis vacaciones como una prisionera que va marcando la pared de su celda.

Una vez que me liberé del yugo del tedio corporativo, conseguí un poco de tiempo libre y la libertad de gastarlo como quisiera. Dormía todo lo que quería, comía con mi marido, me enfrascaba en uno o dos proyectos particulares (o tal vez iba a la playa) y evitaba el metro de Nueva York todo lo humanamente posible.

También leí *La magia del orden*. Como, en general, soy una persona ordenada, no pensé que necesitara con urgencia el consejo de la señora Kondo, pero siempre estoy buscando maneras de que mi piso parezca sacado de un catálogo de interiorismo. A fin de cuentas, mi tiempo era mío, ya fuera para trabajar, echarme una siesta o despejarme como mejor me pareciera.

Bueno, déjame decirte algo: ese librito funciona como se anuncia. Fue casi… me atrevo a decir… ¿mágico?

En cuestión de horas, ya había *konmariado* el cajón de calcetines de mi marido, lo que implica deshacerse de los que no te gustan y nunca usas (o, en este caso, aquellos que sabía que a él no le gustaban y que nunca usaba) y luego volver a doblar el resto como si fueran pequeños soldados en posición de firmes, de manera que al abrir el cajón pudiera verlos todos de golpe. Al ver los resultados, mi marido (quien al principio pensó que era una estúpida loca por pasar mi tiempo organizando su cajón de calcetines) se convirtió. Él mismo se encargó del resto de sus cajones y de su armario al día siguiente.

Si no has leído el libro de Marie Kondo, permíteme explicarte por qué estábamos tan motivados para hacer este trabajo.

No es solo descartar aquellas prendas que ya no necesitamos o disfrutamos (y, por tanto, entusiasmarnos con el resto de nuestras opciones), sino disminuir el tiempo dedicado a averiguar qué ponernos (porque podemos ver todo en el cajón con una sola mirada). Ya no «perdemos» nada en un cajón (porque seguimos el método de la señora Kondo de doblado vertical) y lavamos mucha menos ropa (porque ya no nos engañamos pensando que «no tenemos» ropa cuando en realidad las cosas buenas están arrugadas al fondo de la cómoda, debajo de esos pantalones que ya no nos valen).

En otras palabras: la vida es definitivamente mejor ahora que podemos ver todos nuestros calcetines. Así que las siguientes semanas me dediqué a evangelizar a cualquiera que quisiera escucharme (y a muchos que no querían).

De repente, con todo esto de dejar el trabajo y ordenar los calcetines, ¡me encontraba en un estado de ánimo transformador de vida!

Mientras contemplaba mi hogar excepcionalmente ordenado, me sentí más tranquila y segura. Me gusta tener la encimera limpia y los muebles de la cocina bien organizados. Pero lo que de verdad provocó mi alegría fue la libertad que sentí al dejar un trabajo en el que no era feliz y al reincorporar en mi vida personas, cosas, eventos y pasatiempos que sí me hacían feliz. Esas cosas no habían sido desplazadas por veintidós pares de calcetines hechos bolas, sino por **demasiadas obligaciones y demasiado desorden mental.**

Fue entonces cuando me di cuenta: no se trata realmente de los calcetines, ¿verdad?

No me malinterpretes, admiro a Marie Kondo por iniciar una revolución con la idea de despejar espacios físicos para traer más alegría a la vida de alguien. Funcionó en mí, y está claro que está funcionando en millones de personas alrededor del mundo. Pero, como ella dice en su libro: «La vida realmente comienza después de haber puesto tu casa en orden».

Bueno, dejé mi casa en orden. Pero la verdadera magia sucedió cuando presté atención a mis cosas.

Retrocedamos un poco ahora.

EL ARTE DEL DESPEJE MENTAL

Yo tenía un talento innato para sacrificarme. Quizá tú también lo tengas.

Como gran perfeccionista, así me describo a mí misma, me sacrifiqué generosamente durante toda mi infancia y adolescencia. Abordé numerosos proyectos, tareas y exámenes para demostrar que era digna del respeto y la admiración de mi familia, amigos e incluso conocidos equis. Socializaba con gente que no me agradaba con tal de parecer benevolente; acepté trabajos que estaban por debajo de mis capacidades con tal de parecer útil; comí cosas que me disgustaban con el fin de parecer amable. En resumen, me sacrifiqué demasiado durante mucho mucho tiempo.

Esa no era forma de vivir.

La primera vez que conocí a alguien que mandaba todo a la mierda tenía poco más de veinte años. Lo llamaremos Jeff. Dueño de un negocio exitoso y con un gran círculo de amigos, Jeff simplemente no hacía cosas que no quería hacer. Y, sin embargo, era muy querido y respetado. No se presentaba al festival de fin de curso de su hijo ni le veía cruzar la línea de meta en su decimoséptima carrera de cinco kilómetros. Pero no había problema, todo estaba bien porque se trataba de él, ¿me explico? Era un tipo agradable, sociable y muy apreciado, pero estaba claro que reservaba sus recursos para cosas que sí eran importantes para él: tener una relación cercana con sus hijos, jugar al golf, ver el concurso *Jeopardy* todas las noches. ¿Y lo demás?

Podía. Irse. A. La. Mierda.

Siempre parecía satisfecho consigo mismo; y, además, feliz.

«Puf —pensaba a menudo después de estar con él—. Ojalá yo pudiera ser un poco como Jeff.»

Más tarde, cuando ya estaba en la mitad de mis veinte, tuve un vecino en el piso de abajo que era una verdadera pesadilla. Pero, por alguna razón, su opinión sobre mí me importaba tanto como para someterme a sus peticiones absurdas, como aquella vez que obligó a un amigo a que caminara por mi apartamento con botas de tacón alto mientras yo *escuchaba* con él desde su salón; yo no oía nada, pero acepté que era «un poco ruidoso».

Estaba claro que el tipo era un trastornado. Entonces, ¿por qué me importaba agradarlo? En retrospectiva, el señor Rosenberg debería haber dejado de agobiarme desde la primera vez que acusó a mi compañera de piso de «hacer mucho ejercicio» en su habitación... cuando ella había estado viajando por Europa durante dos semanas.

Luego, ya cerca de mis treinta, me comprometí y comencé a planear la boda..., un acto que exige un verdadero desfile de preocupaciones: el presupuesto, el lugar, el banquete, el vestido, las fotos, las flores, la música, la lista de invitados, las invitaciones (su redacción y grosor), los votos, la tarta y todo lo demás; la lista sigue y sigue. Muchas de estas cosas me importaban de verdad, pero otras no. Aun así, me preocupé mucho por todas y cada una de ellas porque no me quedaba otra. Me estresé tanto que **me sentí insatisfecha e infeliz.** Para cuando llegó el gran día, tenía migrañas, un persistente dolor de estómago y un ataque de urticaria del mismo color rosado que el detalle floral de mi vestido.

Mirando hacia atrás, ¿de verdad valió la pena perder mi tiempo (o el de mi marido) en aquella discusión sobre la canción *Brown Eyed Girl* que bailaríamos en la recepción? ¿Toda esa minuciosa atención a los detalles de la selección de entremeses fue de verdad necesaria cuando no pude comer ninguno porque los ofrecieron durante nuestra sesión de fotos?

Nop.

Sin embargo, y aquí es donde el viento cambió ligeramente, sí obtuve una pequeña victoria: tal vez me preocupé por la lista de invitados (porque *definitivamente* me preocupaba), pero ¿sabes qué mandé a la mierda? ¡El plano de las sillas y las mesas!

Al decidir que todos mis invitados eran personas adultas que no necesitaban mi ayuda para elegir un asiento para tener el privilegio de ser alimentadas, embriagadas y entretenidas con mi dinero, me ahorré horas (por lo menos una docena, tal vez) de estudiar detenidamente los esquemas del salón y mover a tías, tíos y acompañantes como si fueran las cuentas de un ábaco. ¡Genial!

Después de la maldita locura de la boda, me sentía exhausta. Había llegado al límite. Sin embargo, también había visto un lado positivo en ese plano de asientos abandonado. Sabía que se *suponía* que la distribución de los invitados debía importarme, pero no era así. En lugar de poner ese sentimiento de obligación por encima de mis preferencias personales, había decidido mandarlo a la mierda y dejar que los traseros de los demás aterrizaran donde pudieran. ¿Y alguien se quejó a la ruborizada novia? No, nadie lo hizo.

Mmm...

Poco a poco, durante los siguientes años, **dejé de aguantarme las pequeñas cosas que me molestaban.** Me negué a ir a un par de fiestas de trabajo después de la oficina. Dejé de ser amiga de algunas personas de verdad irritantes en Facebook. Me negué a sufrir otra «lectura» de tu «obra».

Y poco a poco me fui sintiendo mejor. Menos agobiada. Más en paz. Les colgaba el teléfono a los vendedores; decía que no a una escapada de fin de semana con niños pequeños; dejé de ver la segunda temporada de *True Detective* después del primer episodio. Me estaba convirtiendo en mi verdadero yo, capaz de concentrarme más en las personas y las cosas que en realidad me provocaban alegría, como decía Marie Kondo.

Pronto me di cuenta de que tenía mis propias ideas con respecto a esta magia transformadora de vidas.

¿Te transmite alegría? Entonces, por supuesto, sigue ocupándote de ello y dándole tus recursos.

Pero tal vez la pregunta más pertinente sea: ¿te molesta?

Si es así, tienes que dejar de aguantar esa tontería pero ya, inmediatamente. Y yo puedo mostrarte cómo hacerlo.

Desarrollé un programa para **despejar y reorganizar tu espacio mental mandando a la mierda**, donde *mandar a la mierda* significa no gastar tus recursos (tiempo, energía o dinero) en cosas que no te hacen feliz ni mejoran tu vida, de manera que tengas más recursos (tiempo, energía o dinero) para dedicarlos a las cosas que sí te producen alegría.

Yo lo llamo el método #NoMeArrepiento, y tiene dos pasos:

1. Decidir lo que no te importa.
2. Mandarlo a la mierda.

Y, por supuesto, «No me arrepiento» es la manera como debes sentirte cuando lo hayas conseguido.

Mi método es bastante simple, y este libro te ofrece las herramientas y la perspectiva para dominarlo y mejorar radicalmente tu existencia diaria. **De hecho, una vez que comiences a implantar el método #NoMeArrepiento, nunca más querrás o necesitarás sacrificarte.**

LAS VENTAJAS DE MANDARLO TODO A LA MIERDA

En este libro aprenderás:

- Por qué preocuparte por lo que los demás piensan es tu peor enemigo… y cómo dejar de hacerlo.
- Cómo clasificar tus cosas en categorías para identificar fácilmente la molestia y la alegría.
- Criterios simples para saber si deberías mandar o no algo a la mierda (por ejemplo: «¿Esto afecta a alguien más que no sea yo?»).
- Las claves para mandar a la mierda *sin* convertirte en una cobarde.
- La importancia de hacer (y apegarte a) un listado de mierdas.
- Cómo dominar el arte de sacrificarte menos puede transformar tu vida.
- ¡Y mucho mucho más!

Solo piensa en cuánto mejoraría tu vida si pudieras decir que no a las cosas que en realidad no te importan una mierda. Tendrías más tiempo, energía y dinero para decir que sí a las cosas que sí te importan.

Por ejemplo, cuando dejé de preocuparme por maquillarme para ir al súper, gané diez minutos para sentarme en el sofá de mi salón y leer el *Us Weekly* que acababa de comprar en ese mismo súper.

O cuando dejé de preocuparme por ir a los *baby showers*, una actividad que detesto terriblemente, ¡gané innumerables tardes de domingo de libertad!

¿Y todo ese tiempo que me ahorro al no ir a los *baby showers*? Bueno, primero me sirvo un trago doble de ginebra y luego hago unos cuantos clics en internet para comprarle a la futura madre un extractor de leche nuevo y reluciente. Después brindo por las tetas ganadoras de mi compañera de cuarto de la universidad en el concurso de camisetas mojadas de Cabo Wabo Spring Break'98.

¡Que lo paséis genial, chicas!

¿Diez minutos en línea frente a cuatro horas de juegos de decoración de pañales y ponche sin alcohol? Para mí no hay discusión. Para ti quizá los *baby showers* sean una actividad digna de interés. Tal vez lo que no aguantas sea, no sé, ir al *outlet* con tu pareja todos los fines de semana para buscar ofertas.

Los detalles específicos no importan. Lo que importa es que, si sigues mi método #NoMeArrepiento para mandar a la mierda, tu espíritu estará más ligero; tu calendario, más despejado, e invertirás tu tiempo y tu energía solo en las cosas y las personas que disfrutas.

Es un cambio de vida. Lo juro por Dios.

I
SOBRE MANDAR A LA MIERDA O NO

Hazte la siguiente pregunta: «¿Estoy estresada, sobrecargada o decepcionada con la vida?».

Si la respuesta a cualquiera de estas preguntas es sí, haz una pausa para preguntarte: «¿Por qué?».

Te apuesto a que la respuesta es: «Porque me agobio demasiado». O, más específicamente: «Porque creo que tengo que agobiarme».

Estoy aquí para ayudar.

A lo largo de este libro encontrarás dos términos importantes y muy distintos:

- Primero está el *preocuparte* por algo o alguien que te importa, lo que se considera en el paso 1 (decidir qué es lo que te importa y qué es lo que no merece la pena).

- Y después está el *agobiarte* por culpa de algo o alguien a quien le entregas tus recursos en forma de tiempo, energía o dinero. Esto se considera en el paso 2 (hay que mandar a la mierda esas cosas).

La única manera de cambiar tu vida para mejorarla es dejar de *preocuparte* y *agobiarte* tanto. Mi método #NoMeArrepiento minimiza el tiempo, la energía y el dinero que gastas en personas y cosas inútiles. Admítelo: ¡sabes exactamente de quién y de qué estoy hablando!

No tiene por qué ser así. Empecemos, ¿va?

¿POR QUÉ DEBERÍA IMPORTARME?

Esta es una de las preguntas esenciales de la vida. O debería serlo.

En lugar de seguir repitiendo a ciegas «¡¡¡Sí, sí, sí!!!» a todas las personas y cosas que demandan tu tiempo, energía o dinero (incluida la compra y lectura de este libro), antes de pronunciar esa sucia y pequeña palabra de solo dos letras, deberías preguntarte: «¿De verdad me importa?».

Quizá no te des cuenta, pero tu capacidad para preocuparte por mierdas es un bien finito y precioso. Preocúpate por demasiadas y acabarás en bancarrota (es como llegar a números rojos en tu cuenta bancaria), lo que a su vez te llevará a sentirte ansiosa, estresada y desesperada. ¡Muy mal! Más adelante harás un listado de mierdas que te ayudará a valorar, priorizar y dejar de preocuparte por las mierdas innecesarias ahora y para siempre.

Pero, antes de mandar todo a la mierda, hablemos de cuándo *debería* importarte.

Algo (sea humano, inanimado o conceptual) debería importarte cuando no te molesta y te produce alegría. En ocasiones, la ecuación es fácil y la decisión, obvia. ¡Síííí! Qué alegría. Pero lo más común (y esa es la razón por la que necesitas el método #NoMeArrepiento) es que ni siquiera te detengas a hacer cuentas o las hagas mal.

La mayoría de la gente regala sus recursos sin pensarlo mucho. Los sentimientos de culpa, obligación o ansiedad hacen que una se comporte de una manera que, aunque no resulta incorrecta ante los ojos de otros, a menudo es perjudicial para sus propios niveles de molestia frente a alegría.

Esto no tiene sentido y es contraproducente para vivir mejor tu vida. (Si no estás interesada en vivir mejor tu vida, es preferible que dejes de leer.)

¿Todavía estás aquí?

De acuerdo. Entonces, aclárame esto: **en lugar de sentirte culpable, comprometida y ansiosa, ¿no preferirías sentirte empoderada, benévola y despreocupada?** Serías como Papá Noel, pero, en lugar de juguetes, caminarías por ahí con una enorme bolsa vieja llena de mierdas para repartir solo entre los niños y las niñas que las merecen.

¡Puedes ser el **Papá Noel de las mejores mierdas!**

Así que deja de decir que sí de forma automática para complacer a los demás y, en su lugar, tómate un momento para preguntarte no solo **si te preocupa (es**

decir, si te importa) el asunto en cuestión, sino **si merece los recursos (tiempo, energía o dinero) que le asignas** como artículo en tu listado de mierdas.

Hasta después de responder sinceramente a estas preguntas no podremos asignar recursos a las personas, cosas, tareas, eventos, ideas y actividades que menos molestias nos causan y que nos ofrecen la mayor alegría.

Si lo piensas, la vida es una serie de opciones de sí o no. O sea, agobiarte o mandar a la mierda. Si continúas por el camino por el que vas ahora, al final de cada día, semana o mes llegarás al fondo de tu propio barril de mierda personal y en ese momento te darás cuenta de que todos esos recursos que regalaste fueron para beneficio de todos menos de TI.

El método #NoMeArrepiento cambia todo eso.

Es hora de darle la vuelta al guion, revertir la maldición y dejar de sacrificarte por las cosas equivocadas por todas las razones equivocadas.

MANDAR A LA MIERDA: FUNDAMENTOS

Mandar a la mierda significa cuidarte a ti misma primero. Es como si te colocaras la máscara de oxígeno antes de pasársela a los demás.

Mandar a la mierda significa permitirte decir que no.

«No quiero.» «No tengo tiempo.» «No me lo puedo permitir.»

Mandar a la mierda significa, básicamente, liberarte de la preocupación, la ansiedad, el miedo y la cul-

pa asociados con decir «no». Dejar de pasar el tiempo que no tienes con personas que no te agradan haciendo cosas que no quieres hacer.

Mandar a la mierda significa reducir el desorden mental y eliminar a las personas y las cosas molestas de tu vida, liberando espacio para disfrutar de verdad de todas esas cosas que *sí* te importan.

Esto puede sonar egoísta, y lo es. Pero también crea un mundo mejor para todos los que te rodean.

Dejarás de sacrificarte por todas las cosas que *debes* hacer y comenzarás a concentrarte en las que *quieres* hacer. Estarás más feliz y serás amable en el trabajo; tus colegas y clientes se beneficiarán. Estarás más descansada y divertida con tus amigos. Pasarás más tiempo con tu familia (o menos), haciendo que esos momentos que compartes sean aún más valiosos.

Y tendrás más tiempo, energía o dinero para dedicarlos a vivir mejor tu vida. Las personas que abrazan la magia transformadora de mandar a la mierda salen GANANDO.

Quieres ser una de estas personas, ¿verdad?

¿QUIÉNES SON ESTAS MÍTICAS PERSONAS QUE MANDAN A LA MIERDA?

De acuerdo con mi experiencia, las personas que mandan a la mierda entran en una de estas tres categorías:

- Niños
- Imbéciles
- Iluminados

Niños

Los niños acostumbran a hacerlo y punto. Mandan a la mierda porque no *necesitan* hacer otra cosa. Por lo general, los adultos que forman parte de sus vidas satisfacen sus necesidades básicas; incluso cuando no es así, ellos apenas pueden notar la diferencia. Piensa en esto: si alguien más estuviera lavando tu ropa todo el día, todos los días, ¿te preocuparía mancharte de puré de patatas o echarte un yogur en la cabeza? No, no te importaría. Si para conseguir un vaso de agua o un juguete nuevo todo lo que tuvieras que hacer fuera gritar, ¿te preocuparía tu vaso de agua anterior? ¿Evitarías ahogar a tu Bob Esponja en el inodoro? ¡No! Y si no tuvieras la motricidad fina completamente desarrollada, ¿te preocuparía atarte los zapatos? Ni en un millón de años.

Parte de la razón por la que los niños mandan a la mierda es porque no tienen experiencia en la vida. Sus mentes están ordenadas porque la porquería del mundo aún no ha sido amontonada sobre ellos. No tienen nada que ordenar, mentalmente hablando.

Chiquillos afortunados...

Pero la vida no es justa y ellos no serán niños para siempre. Tú tampoco. En algún momento todos tenemos que resignarnos y dejar de usar deportivas de velcro. Lo que *puedes* hacer es regresar a ese equilibrio mágico en el que la carga de la edad adulta se aligeraba al abrazar el entusiasmo infantil de mandar a la mierda.

Imbéciles

A continuación, tenemos a los imbéciles. Ellos mandan todo a la mierda porque están genéticamente predispuestos a conseguir lo que quieren sin importar a quienes tengan que ofender, pisar o (sí) fastidiar en el camino. (Nota: algunos niños también son imbéciles, pero eso no resulta importante para nuestros propósitos.) A diferencia de mi amigo Jeff, estas personas no suelen ser respetadas o queridas. Temidas, tal vez, pero no queridas.

Si ser querida es importante para ti, no querrás convertirte en una imbécil. Claro, quizá tendrías algunas noches libres cada

Diez cosas que a los imbéciles no les importan

1. El espacio personal de los demás.
2. Hacerte esperar.
3. Hablar en el vagón silencioso del tren.
4. Tirar basura en mitad de la calle.
5. Dar una propina adecuada.
6. Generar olores desagradables en áreas reducidas.
7. Usar los intermitentes.
8. Bloquear las escaleras mecánicas.
9. Limpiar los excrementos de sus mascotas.
10. Que sean considerados imbéciles.

semana, pero no sería por haberte hecho cargo de tus cosas para repartir tus recursos en los eventos a los que de verdad querías asistir y a las personas a las que de verdad deseabas ver, sino porque nadie te invitaría a ningún lado.

No, mi método consiste en mostrarte cómo tener todo lo que quieres (y nada que no quieras) y, al mismo tiempo, ser considerada una persona respetable. Lo cual me lleva a...

Iluminados

Así es. Puedes alcanzar la iluminación sin convertirte en un imbécil. Es posible volver a ese estado infantil en el que mandas a la mierda, pero con una consciencia de ti misma que los niños simplemente no pueden alcanzar. Mira, hay una larga lista de cosas que todavía me preocupan (llegar a tiempo, dormir ocho horas, la *pizza* artesanal), y una de las principales es ser amable. Sincera, pero amable.

Por ejemplo, si tú eres ese tipo de persona que envía una nota de agradecimiento escrita a mano a sus amigos después de pasar el fin de semana en su casa del pueblo, es poco probable que esos mismos amigos se ofendan cuando rechaces la invitación a ir a su festival de música favorito.

Es sentido común. ¿Te gustan las casas de pueblo, pero odias los festivales de música? Envía una nota de agradecimiento, no seas bruta. ¡Todos salís ganando!

¿CÓMO PUEDO CONVERTIRME EN UNA DE ESAS PERSONAS?

Las ventajas de mandarlo todo a la mierda está diseñado para ayudarte a **alcanzar la iluminación esencial de mandar a la mierda sin cometer los mismos errores que yo cometí.**

Te guiaré en cada paso, te ayudaré a hacer un inventario de tus mierdas y te enseñaré a identificar si algo necesita tus recursos y, si no es así, cómo actuar sin convertirte en un imbécil.

Verás, mi propio viaje hacia una vida significativamente sin mierdas no ha estado libre de obstáculos. Cuando apenas comenzaba, dejé de agobiarme de manera caótica; intenté un #NoMeArrepiento de alto nivel con respecto a mis amigos y familiares, como rechazar una invitación a un bautizo antes de ser invitada. Estaba tan ansiosa de mandar a la mierda las celebraciones religiosas que olvidé que sí me importaban los sentimientos de mi amigo. En el mismo momento en que envié el correo electrónico titulado *Fíjate que no me gustan los bautizos*, su mujer estaba pariendo a su primogénito. ¡Ay! Todavía lamento haber hecho algo así.

Refiné mi enfoque.

En el centro del método #NoMeArrepiento está «no ser una imbécil». Después de todo, no quería perder amigos: solo quería administrar mi tiempo de manera más efectiva para poder disfrutar más (y molestarme menos) al estar con ellos.

Y descubrí que una combinación de sinceridad y educación, ejercidas en conjunto y en diversos grados (dependiendo de lo que requiera la situación, pues no olvidemos mi «numerito» con el correo desafortunado a unos nuevos e incautos padres), da como resultado la transición más suave a menos mierdas. Pero la base fundamental para implantar mi método #NoMeArrepiento, incluso antes de llegar al paso 1 y de ser sinceras y amables, es mandar a la mierda lo que piensen los demás.

Repasemos eso en detalle.

Sinceridad y educación: un dúo dinámico

Para alcanzar la cima #NoMeArrepiento y avanzar en el proceso de mandar a la mierda, la sinceridad no será suficiente por sí sola, y tampoco la educación. Si eres una persona extremadamente sincera pero muy grosera, tendrás que ofrecer muchas disculpas. También podrías ser la más amable y al mismo tiempo una maldita mentirosa. La mentira piadosa es una cosa, pero, si te atrapan en una mentira monstruosa, te garantizo que te arrepentirás, cosa que frustra todo el propósito del método #NoMeArrepiento. La clave es mezclar sinceridad y educación en una combinación perfecta, como Siegfried y Roy, Hall y Oates o Batman y Robin. Juntos son capaces de hacer magia, tocar las notas correctas y salvar el día. Y nunca dejan de complementarse, incluso si uno brilla a veces un poco más o es atacado por un tigre.

TIENES QUE MANDAR A LA MIERDA LO QUE PIENSEN LOS DEMÁS

Si el método #NoMeArrepiento es la clave para alcanzar la magia transformadora de las vidas, mandar a la mierda lo que piensen los demás es la puerta, por así decirlo. De lo contrario, estarás nadando como un perrito en el foso que rodea el Alcázar de Segovia y gastando toda tu energía en tratar de mantener la cabeza fuera del agua y lejos de los cocodrilos hambrientos.

Mandar a la mierda lo que piensen los demás allana el camino para dar el paso 1 (decidir lo que no te merece la pena). Entonces, puedes expresar tus decisiones de una manera positiva y productiva al dar el paso 2 (mandar a la mierda).

¡Y puedes hacerlo sin ofender ni enfurecer a nadie! (A menos que, en realidad, quieras ofender o enfurecer, lo cual puede ser divertido en ocasiones.)

Pero lo primero es lo primero.

Por favor, créeme cuando te digo que la vergüenza y la culpa que sientes cuando te esfuerzas demasiado en mandar algo a la mierda no se deben a que estés *equivocada*: es porque te preocupa lo que otras personas puedan pensar sobre tu decisión.

Y adivina qué. No tienes control sobre lo que piensan los demás.

¡Por el amor de Dios, ya es suficiente trabajo averiguar lo que tú misma piensas! Creer que tienes algún control sobre lo que piensan los demás y malgastar tus recursos en esa búsqueda es absurdo. Es una receta para el fracaso a gran escala.

En todo lo relacionado a cómo afecta a otras personas tu mandar a la mierda, lo único que puedes controlar es tu comportamiento con respecto a sus sentimientos, no a sus opiniones. Estos son dos componentes diferentes relacionados con «lo que piensan los demás», que discutiré con detenimiento más adelante. Por ahora, revisemos mi método en acción: agobiarte por las cosas que puedes y las que no puedes controlar.

Cuando luchaba con la idea de dejar mi trabajo corporativo para convertirme en trabajadora autónoma, me sentía extremadamente ansiosa por todos los aspectos de mi decisión, en particular, por abandonar mi «carrera profesional» y dinamitar mi cuenta bancaria. Pero también me consumía la preocupación por lo que otras personas (amigos, familia, jefe, colegas) pensarían sobre mi decisión. «¿Es una cobarde? ¿Una caprichosa? ¿De repente se ha vuelto millonaria? ¿No le importa que los demás tengamos que hacer su trabajo cuando ella se vaya?»

Ahora que soy una experimentada practicante de #NoMeArrepiento, puedo desentrañar esos sentimientos:

1. Estaba feliz de trabajar; simplemente, ya no quería hacer ese trabajo en particular. Si la gente piensa que soy una cobarde, ese es su puñetero problema.
2. Me tomé bastante tiempo para pensar y planificar mi decisión; pero, si no lo hubiera hecho, a los demás no tendría que importarles.

3. Y no, no me tocó la lotería. (Pero ¡a la mierda si hubiera sido así! Tú también dejarías tu trabajo, y lo sabes.)

En retrospectiva, estas fueron preocupaciones menores. La más importante era si, al dejar mi trabajo, volvería loca temporalmente la vida de *otras* personas y si luego se enfadarían y me culparían por ello.

¿Y sabes qué? Viéndolo de esa manera, vamos directos a la categoría **«Cosas que no son mi problema»**.

Tuve que mandar a la mierda las cosas que no podía controlar (como el tiempo que tardaría mi jefe en reemplazarme) y solo ocuparme de las cosas que *podría* controlar (como no levantarme ya a las 7:00 y viajar cuarenta y cinco minutos por una fábrica subterránea de olor corporal hasta un trabajo que ya no quería hacer, sino quedarme durmiendo junto a mi marido y luego darme un paseo por el parque).

En cambio, he empezado a invertir algunos de mis recursos en cosas como «cuál será mi próximo trabajo como autónoma» y «mantener mi sitio web actualizado». Pero esos recursos se invierten con gusto porque la vida de autónoma me permite dormir más. Y pasar más tiempo con mi marido. Y mi traslado cotidiano hasta mi trabajo es ahora de unos nueve metros: desde mi cama hasta mi sofá.

Una vez que me di cuenta de la diferencia entre invertir mis recursos en algo y agobiarme por lo que *piensan* los demás sobre aquello a lo que le regalo mis recursos, todo empezó a ponerse en su sitio.

SENTIMIENTOS FRENTE A OPINIONES

Es posible que en este momento estés hiperventilando. Nada de qué avergonzarse. Tal vez estés pensando: «No puedo dejar de preocuparme por lo que piensen los demás. ¡Está programado en mi ADN!».

Bueno, mira: tu ADN solo puede llevarte hasta cierto punto.

Para vivir mejor tu vida, tendrás que *hackear* el sistema.

Hay dos razones por las que tiendes a preocuparte por lo que piensen los demás: la primera es porque no quieres ser una mala persona; la segunda, porque no quieres *parecer* una mala persona.

Por supuesto, deberías seguir preocupándote de lo que piensen los demás en lo que respecta a sus *sentimientos* (es decir, ¿vas a herir activamente esos sentimientos al mandar a la mierda la situación en cuestión?). Sé sincera: tú sabes muy bien cuándo estás hiriendo los sentimientos de alguien. No seas imbécil.

Lo que estoy diciendo es que puedes mandar a la mierda lo que piensen los demás cuando se trata de sus *opiniones*. Y, si puedes aprender a hablar con el **lenguaje de la opinión**, te resultará muy eficaz. ¡Es sincero, educado y muy cautivador! No *serás* una imbécil y no *parecerás* una imbécil. Y, entonces, puedes dejar de agobiarte por lo que piensen los demás.

¿Entendido?

¿Todavía no?

De acuerdo, veámoslo de esta manera: **como seres humanos, tenemos todo el derecho a discrepar educadamente de la opinión de otra persona y a no estar de acuerdo.** Esta es una postura pasiva. No daña a nadie y es por completo defendible. ¿Te gusta el membrillo casero y natural? ¡Excelente! A mí no. Creo que es viscoso y asqueroso. Si no hay daño, no hay falta.

Pero digamos que eres una amiga mía que vende membrillo casero totalmente natural y sigues invitándome a esas «fiestas de membrillo casero» con tristes botes de crema *beige* apilados sobre el mostrador de la cocina y me siento presionada para comprarlos simplemente porque quiero que te calles.

Este es un momento decisivo. Si el membrillo casero y natural me importa una mierda, ¿por qué demonios gastar ese dinero que tanto me ha costado ganar para adquirirlo?

Te diré por qué. Es porque me imaginé diciendo: «Aléjate de mí con esa basura *hippie*, bicho raro», y eso habría herido tus sentimientos. Y no quiero herir tus sentimientos, así que estoy a punto de darte diez euros a cambio de medio kilo de gominola que parece haber sido masticada por un elefante enfermo y luego escupida en un frasco de conservas.

No, no, no.

En vez de eso, necesito decirte (sincera y educadamente) que no comparto tu entusiasmo por el membrillo casero y natural y no es algo que quiera llevar a mi boca. Lo cual implica que no compraré un frasco esta tarde. O nunca.

¿Ves a lo que me refiero? Me ocupo de tus *sentimientos*, porque eres mi amiga (a pesar de la molesta venta de membrillo), pero puedo mandar a la mierda tu opinión sobre mi [dis]gusto por el membrillo casero y natural. Allá tú si te alejas convencida de que mis arterias están innecesariamente obstruidas por los ácidos grasos *trans* solo porque prefiero un poco de aceite vegetal hidrogenado en mi bocadillo. Son mis arterias, después de todo. Así que, al mandar a la mierda tu membrillo, lo hago sobre una diferencia de opinión. **Puedes eludir por completo la perspectiva de herir sentimientos cuando ves tu conflicto a través de la lente** de una opinión simple y sin emociones.

El método #NoMeArrepiento trata de opiniones simples y sin emociones.

Sin embargo, ¡hay muchas formas de despellejar a un gato! (Puaj.) Y si tu diferencia de opinión con un amigo refleja una diferencia en los *valores* fundamentales, es posible que desees manejarlo con un poco menos de sinceridad y una dosis extra de educación. Decir que no crees en los beneficios para la salud del membrillo natural no es lo mismo que decir que no crees en el derecho de una mujer a elegir, o en una Palestina libre, o que los testigos de Jehová son unos malditos tramposos.

En estos escenarios, cuando no te importa nada el asunto en cuestión pero no quieres pelear en lodo ni ser incluida en una lista de posibles terroristas, tan solo debes invocar el *concepto* de opiniones y dejarlo así.

Digamos que eres madre y siempre estás rodeada de personas que tienen *opiniones* sobre la forma en que crías a tus hijos. Quizá tú también tengas tus propias opiniones sobre la forma en que ellas crían a los suyos, pero la diferencia es que mantienes la boca cerrada al respecto. Sea como sea, la crianza es un trabajo duro y la gente quiere a sus hijos de manera incondicional, y se requiere mucha energía de tu parte para aceptar cordialmente esta avalancha de consejos no pedidos, los cuales, por cierto, tienden a estar estrechamente ligados a tus valores y los valores ajenos y, por tanto, a los sentimientos.

Entonces, un día estás en el parque y surge el tema de que tus hijos duermen en la cama contigo y con tu marido. Estás en un lado del debate (¡no importa cuál!) y la mamá de un compañero de tu hijo, la llamaremos Silvia, está en el otro.

No quieres que Silvia piense que eres una mala madre por no estar de acuerdo con ella sobre si deberías permitir a un niño escurrirse entre tus sábanas, retrasando aún más tu regreso a las relaciones sexuales después del parto. Y, del lado en el que estés, no querrás *ofender* activamente a Silvia en tu desacuerdo o tu propio hijo podría acabar vagando por el patio del colegio con una HI bien roja de «hijo de una imbécil» colgada en su espalda.

Hasta hoy, tal vez te has limitado a asentir y sonreír. Tal vez incluso has pasado veinte malditos minutos escuchando hablar sin parar a Silvia sobre el *descaro* de algunos padres por *no* hacer todo de la manera que *ella* cree que debería hacerse. Y este acto de aceptación pasiva (por no mencionar los veinte minutos que ya le has regalado) te está devorando por dentro como una pandilla de termitas en una fiesta de troncos.

¡Necesitas urgentemente algo de magia transformadora de vida!

Entonces, la próxima vez que surja este tipo de cosas, tan solo mira con calma a Silvia, encoge los hombros y di: «Lo sé, lo sé, ¡cada uno tiene su opinión!». Luego cambia el tema a un terreno neutral, como que George Clooney se está volviendo más atractivo con la edad. (No es así. Punto máximo de atracción de George Clooney = época en la que hacía de manitas en la serie *The Facts of Life*.)

Has dejado implícito que la opinión de Silvia no es la única que existe, pero la has mandado a la mierda sin aceptarla o debatirla activamente. No has asaltado sus valores ni has herido sus sentimientos en el proceso, por lo que no estás siendo una imbécil ni lo pareces. Ha sido sincera y educada y puedes alejarte de allí tranquila. Tú sabes que has mandado a la mierda lo que piensa Silvia, pero también sabes que ella no puede culparte por nada de lo que has dicho.

¿En qué te convierte eso? #NoMeArrepiento.

Sobre lamentarse

En nuestra sociedad, «¡Lo siento!» se usa como expresión abreviada para cualquier cosa, desde: «La verdad es que no lo siento, solo lo digo para suavizar lo que acabo de hacer/estoy a punto de hacer» hasta un mordaz: «Vaya mierda, ¿¿¿qué he hecho???».

Y no es que quiera hablar de temas de género, pero las mujeres son quienes más lo dicen, como mecanismo de defensa preventiva o activa contra las desigualdades cotidianas del lugar de trabajo, entre amigos o en las relaciones. Cuando de verdad te hayas portado mal, debes lamentarlo y disculparte. Y si estás a punto de portarte mal y crees que un rápido *lo siento* mejorará la situación, estás equivocada. Tal vez lo haría que dejaras de comportarte como una imbécil, para variar.

Pero si no has hecho nada que debas lamentar, puedes: *a)* dejar de sentir que lo sientes y *b)* dejar de decirles a los demás que lo sientes.

En otras palabras, el método #NoMeArrepiento logra resultados epónimos. Seguirlo alienta y permite actuar de una manera que no requiere que sigas diciendo *¡lo siento!* o sientas que lo lamentas.

Para repasar: si el hecho de mandar a la mierda afecta activamente a otra persona (como negarte a comprar el membrillo casero de un amigo o juzgar las opciones de crianza de alguien), sé sincera y educada con respecto a tu decisión, intenta manejarlo como una diferencia de opinión y el 99 % de las veces todo resultará bien.

Pero si el hecho de mandar a la mierda te afecta a ti y solo a ti (por ejemplo, que no te maquilles para ir a la compra), ¿por qué debería preocuparte lo que las otras personas piensen? Hazles saber tu opinión sobre tus pantalones de yoga y tu camiseta de Ani DiFranco: tú te sientes cómoda y no pretendes seducir a ese cajero tan guapo.

¿Y si estás en algún punto intermedio? Bueno, ¡entonces, realmente necesitas este libro!

Tal vez te cueste un poco acostumbrarte, pero debes dejar de preocuparte por lo que piensen los demás.

Solo no seas imbécil

No puedo dejar de insistir en que, cuando se hace de la manera correcta, mandar a la mierda no significa convertirte en una imbécil. Cuando contemples tus propias razones para mandar algo a la mierda, visualiza el efecto que esto tendrá en cualquier otra persona involucrada y mitiga los daños; puedes encontrar una solución (por lo general, a través de una combinación de sinceridad y educación), eso te mantendrá bien. Y minimizará la cantidad de amenazas de muerte que recibas.

HACER UN LISTADO DE MIERDAS

¿Conoces esa sensación satisfactoria que se tiene cuando te pasas unos meses ahorrando para algo que tienes muchas ganas de comprar y luego vas a la tienda con el dinero en la mano y sales con esa nueva bicicleta plegable o lo que tanto ansiabas?

En ese momento, lo más probable es que no estés pensando en todas las cosas que has sacrificado durante los cien días anteriores para acumular los fondos necesarios para pagar esa bicicleta plegable. Pero hiciste sacrificios. Tal vez prescindiste de tu bocadillo de jamón ibérico todos los días durante tres meses. O quizá hiciste horas extra en el McDonald's para ganar un poco más (sacrificando así tu tiempo libre).

En cualquiera de los dos casos, tenías un objetivo:

ahorrar lo que costaba la bicicleta plegable, y te ceñiste a un presupuesto en función de cuánto dinero tenías que ahorrar o cuántas horas tenías que trabajar para alcanzar tu objetivo.

Te sugiero que prepares un listado de mierdas.

¿Qué pasaría si en lugar de tener una crisis existencial en el momento de comprar el maldito membrillo para no herir los sentimientos de tu amiga simplemente lo consideraras como un producto de tu listado de mierdas?

Un bote de diez euros de membrillo casero y natural comprado = una chorrada asignada.

Gastar tus recursos en el membrillo casero y natural significa que tienes *menos* recursos para darle a algo equivalente, como un Uber de diez euros para llegar casa después de la fiesta de los nazis del membrillo (para no soportar el agravante adicional del transporte público). O diez euros para tu bicicleta plegable. O para el alquiler.

Esa chorrada está empezando a parecer más valiosa, ¿no? **Por supuesto, no todo se trata de dinero.** Hay muchas tonterías que reducen tu tiempo o energía, pero no afectan a tu cartera. Puedes presupuestar tu tiempo y tu energía tan fácilmente como puedes presupuestar tus billetes.

Por ejemplo, supongamos que los padres de los compañeros de tu hijo preparan galletas caseras con frecuencia para recaudar fondos. Galletas glaseadas con caritas sonrientes y un lote separado sin gluten para los delicaditos. Bueno, tal vez tú no tengas ni el *tiempo* ni la *energía* para hornear galletas caseras. Y tal vez sí tengas diez euros, pero te preocupa lo que pensarán los otros padres si tu aportación son galletas Oreo de la tienda.

Adivinas adónde voy con esto, ¿verdad?

Necesitas: *a)* dejar de preocuparte por lo que piensen los demás y *b)* listar tus mierdas en consecuencia. ¿No tienes tiempo ni energía? ¡Oreos!

Asignamos demasiadas mierdas sin un objetivo a la vista. En el momento decimos que sí, hacemos planes, acordamos pasar un fin de semana en el Pirineo catalán y, de pronto, nos damos cuenta: «Oh, oh, no lo pensé bien». Para maximizar tu potencial de felicidad, debes considerar los resultados *antes* de comprometerte a asignar tus recursos a alguna mierda. Tu tiempo, energía y dinero gastados deberían dar como resultado una mayor alegría para ti. Si va a resultar molesto, no querrás estar a medio camino hacia el Pirineo antes de darte cuenta. Haz un alto. Haz las cuentas. Y, quizá, manda eso a la mierda.

¿QUÉ PASA CON LAS PERSONAS QUE NO PUEDEN MANDAR A LA MIERDA EL HECHO DE QUE TÚ SÍ MANDES A LA MIERDA?

Todos conocemos a esta gente. Puedes ser la más sincera y educada del mundo y ellos simplemente no lo entenderán. No pueden evitar discutir contigo, quieren convencerte y hacerte cambiar de opinión. Sea lo que sea lo que estés mandando a la mierda, es tan importante para ellos que no pueden aceptar tu diferencia de opinión.

Puede ser cualquier cosa, desde el fútbol hasta una improvisación de *jazz* e incluso el hecho de que no participes en las reuniones de tu familia. No se dejarán persuadir por la sinceridad o la educación. Esta gente está pidiendo una confrontación. ES COMO SI QUISIERAN QUE SUS SENTIMIENTOS SALGAN LASTIMADOS.

En casos como estos, debes considerar la pérdida a largo plazo de tu listado de mierdas. En realidad, puede ser beneficioso ser/parecer una mala persona si eso significa que puedes terminar con esta conversación de una vez para siempre. O sea, si alguien tiene que decirles que se vayan a la mierda, bien podrías ser tú.

EN RESUMEN

Las ventajas de mandarlo todo a la mierda tiene que ver con priorizar. Alegría sobre molestia. Elección sobre obligación. Opiniones frente a sentimientos. Ajustarse a un listado. Atención al objetivo. Repasemos los conceptos básicos: las herramientas y los procesos para «decidir si debes mandar algo a la mierda o no», de manera que puedas proceder a «mandar a la mierda o no»:

- ¿Lo que estás a punto de mandar a la mierda (o no) te afecta tan solo a ti o también a otras personas?

- Si es lo primero, ¡ya llevas *mucha* ventaja!
- Si es lo último, debes mandar a la mierda lo que piensen los demás antes de mandar a la mierda el asunto en cuestión.
- Para lograr esto, considera sus *opiniones* por separado de sus *sentimientos.*
- No seas imbécil.
- Ahora consulta tu listado de mierdas: ¿cuánto vale para ti ese asunto? ¿Puedes pagar por zafarte?
- Si la respuesta es sí, entonces, ¡adelante! Pero si la respuesta es no, procede de manera sincera y educada para mandarla a la mierda de buena fe y ser 100 % #NoMeArrepiento.

En el caso de que necesites verlo para entenderlo, aquí tienes un diagrama de flujo para determinar si debes mandar algo a la mierda. Siéntete libre de consultarlo a medida que sigas avanzando en la lectura.

¿DEBERÍA IMPORTARME?
¡SÍ! ¡ESO IMPORTA!
¡NO! ¡HAY QUE MANDARLO A LA MIERDA!
¿ESO TRAE ALEGRÍA?
¿ESO ES MOLESTO?
NO
SÍ
SÍ
NO
¿ESTO SOLO ME AFECTA A MÍ?
¿ESTOY SIENDO IMBÉCIL?
NO
NO
SÍ
NO
MMMM. SÍ
SÍ
NO
¿ME PREOCUPO SOBRE LO QUE PIENSAN LOS DEMÁS?
¿CABE EN MI LISTADO DE MIERDA?
OKEY. ¿AHORA QUÉ?
HACER QUE SE TRATE DE UNA DIFERENCIA DE OPINIÓN
SÍ
NO
¿ME PREOCUPA DAÑAR SUS SENTIMIENTOS?
SÍ
¿ME PREOCUPA PARECER UNA MALA PERSONA?
NO
NO

En la segunda y tercera parte:

- Te guiaré a través del desorden mental que pronto descartarás.
- Te enseñaré a preclasificar tus mierdas para que tomes decisiones de forma segura y eficaz.
- Te mostraré mi propia lista preliminar de diez cosas que a mí, en lo personal, me importan una mierda.
- Te mostraré varias estrategias para llevar a cabo el paso 2 (mandar a la mierda).
- Te ayudaré a identificar las cosas que sí te importan y a las que sí les quieres asignar tus recursos. Esto te permitirá lograr un estrés mínimo, una felicidad máxima y una gran cantidad de magia transformadora de vidas.

Pero, por ahora, un último ejercicio para ayudar a sintonizarte...

UN EJERCICIO DE VISUALIZACIÓN

Siéntate. Relájate.

Antes de seguir adelante, quiero que pares un minuto y que visualices de forma libre **todas las cosas sobre las que te sientes presionada en este momento (amigos, familia, sociedad o incluso tu propio y retorcido sentido de la responsabilidad) y por las que te preocupas o te agobias.**

Todo esto podría incluir, aunque no sería lo único: combinar tu cinturón con tu bolso, LinkedIn, comer en sitios que no sean franquicias, yoga con calor, dietas keto, los libros de Harry Potter, *kombucha*, «tendencias», pódcast, ponchos de moda, el *ballet*, las elecciones, el café de comercio justo, la nube, los hijos de otras personas, cristianos mojigatos, entender la economía de China, #gatosdeinstagram, *La voz*, la nueva mujer de tu padre o las Fallas.

Te sientes mal, ¿verdad? ¿Nerviosa, mareada, ansiosa?

¿Enfadada?

Bien. Entonces, está funcionando.

Ahora visualiza la felicidad y la despreocupación que sentirías si todo eso no te importara una mierda.

¿Yoga con calor? Me importa una mierda. ¿La keto? Nada, una mierda. ¿Y #gatosdeinstagram? Lo siento, se te acabaron las mierdas, miau.

¿No te sientes mucho mejor? Te lo digo de verdad: si sigues mi método #NoMeArrepiento para que algo no te importe una mierda, sentirás más ligero tu espíritu, tendrás el calendario más despejado e invertirás tu tiempo y tu energía solo en las cosas y las personas con las que disfrutas.

Te cambiará la vida. Te lo juro por Dios.

Con eso en mente, vamos al paso 1 del método #NoMeArrepiento: decidir qué es lo que no te importa una mierda.

II
DECIDIR QUÉ ES LO QUE NO TE IMPORTA UNA MIERDA

En esta segunda parte vamos a hacer un inventario de todas las mierdas que están abarrotando tu mente. Por desgracia, no es factible tirarlas a la basura, como Marie Kondo quiere que hagas con tus calcetines.

Pero no te preocupes, tengo formas de remediarlo.

Te voy a mostrar las «Cuatro categorías de aquello por lo que suelo agobiarme». Vamos a analizarlas una por una.

¡Será divertido, lo prometo! Mucho más divertido que el karaoke de cumpleaños de tu compañero de trabajo (analizado en la segunda parte).

Al final, crearás una lista para cada categoría de tu inventario mental y utilizarás esas listas para ayudarte a identificar lo que te molesta y lo que te produce alegría. Luego, terminarás dando el paso 1: decidir qué es lo que no te importa una mierda.

Una vez que empieces, es un proceso muy simple. Incluso un poco... adictivo. Te garantizo que, cuantos menos recursos malgastes, menos *querrás* malgastar.

Simplemente, ¡se siente uno tan bien!

TU MENTE ES UN DESVÁN

Decidir mandar a la mierda algo es extremadamente liberador. Mandar a la mierda sin herir los sentimientos de otras personas ni ser un imbécil es todavía mejor.

Pero primero debes mirar hacia dentro. Conocerte a ti misma. **El paso 1 comienza con hacer un inventario de tu espacio mental con el fin de dividir todas las mierdas que exigen algo de ti: por un lado, las que te molestan y, por otro, las que te provocan alegría. Entonces, podrás decidir si les asignas recursos o las mandas a la mierda.**

Como dije, tus mierdas no pueden personarse y sentarse en mitad del salón..., pero *tú* sí puedes.

Más tarde, cuando estés lista, te pediré que te sientes en el suelo (es preferible la loseta fría: estar incómoda te motiva a terminar pronto con esto) y visualices tu mente como una habitación desordenada. De hecho, no. Mejor digamos que se trata de un enorme desván lleno de basura. **Ese desván contiene todas las cosas que exigen tus recursos en este momento, quieras o no.**

Ese desván es un completo desastre.

(¿Has visto *Acumuladores compulsivos*? Creo que me está saliendo un sarpullido.)

Después te moverás por tu desván mental prestando atención a todas las cosas buenas (las que te importan) y a todo el desorden inútil (las que no). Quizá descubras algunas cosas que olvidaste que tenías, pero que merecen un lugar de honor en tu mente/desván una vez que hagas un poco de espacio. Identificarás cada cosa; la reconocerás, la evaluarás y pensarás bien y detenidamente si de verdad quieres y necesitas darle recursos.

Al enfrentarte a todas las cosas que se espera que te importen, tu estómago puede llegar a contraerse; tus intestinos, a agitarse, y tu cabeza y tu corazón comenzarán a latir con fuerza. ESTE ES EL OBJETIVO.

Estamos apuntando a «sobrecarga de mierdas» aquí, mi vida.

La mayoría de nosotras solo metemos la cabeza en el desván de vez en cuando y nunca cruzamos más allá de la montaña de cosas apilada justo al lado de la puerta, y mucho menos hacemos algo al respecto. Tienes que llegar hasta el fondo y asumirla de verdad antes de tener alguna esperanza de limpiarla.

Sí, debes experimentar la «sobrecarga de mierdas» para reconocer por completo el tiempo, la energía y el dinero que estás gastando en ella y emocionarte por cortarla de raíz de una vez para siempre.

Después de hacer un inventario mental del desván (como he dicho, esto será un poco más adelante, en la segunda parte), harás una lista de todas las tonterías que has encontrado acechando en tus profundidades.

Con que lo cumplas una vez y a conciencia obtendrás un método para liberarte de por vida, incluso cuando las cosas cambien con el tiempo. Con el inicio de la temporada navideña, por ejemplo. ¡Para empezar, no dejarás que ese desorden mental se acumule de nuevo porque contarás con las herramientas y la perspectiva para evitar que las cosas que mandas a la mierda terminen dentro de tu mente/desván!

Una vez más: debes enumerar *cada cosa que encuentres*, independientemente de si quieres darle recursos o no. Ahora mismo, las cosas que quieres y de las que te deberías estar ocupando pueden encontrarse apiladas debajo, ocultas detrás de las que no. Por ejemplo, la felicidad general de tu hermana te importa, pero los detalles de los pírsines genitales de su nuevo novio te importan una mierda.

Te lo advertí, ahí dentro hay mucho desorden. Ahora solo tienes que conocer el terreno.

Como dijo alguna vez Albert Einstein: «Si tuviera una hora para resolver un problema, dedicaría cincuenta y cinco minutos a pensar en el problema y cinco minutos a pensar en soluciones». Genio. Con razón le dieron el Premio Nobel.

Tómate el tiempo para explorar tu desván mental, desenterrar todas las mierdas que hay dentro y enumerarlas una por una. Te prometo que esto te revelará las soluciones para un futuro libre de mierdas y, en consecuencia, una vida mejor.

Confía en mí. O, por lo menos, confía en Einstein.

CLASIFICA TUS MIERDAS POR CATEGORÍAS

Al servicio del método #NoMeArrepiento, he ideado las «Cuatro categorías de aquello por lo que suelo agobiarme»:

- Cosas
- Trabajo
- Amigos, conocidos y desconocidos
- Familia

En conjunto, estas categorías constituyen el vasto miasma de personas y cosas que podrías mandar a la mierda en un momento dado. Pero trabajaremos con ellas una por una, lo que hará que todo este proceso sea un poco más fácil para ti. De nada.

Te recomiendo encarecidamente que sigas el orden que establecí. Las cosas son lo primero en tu búsqueda de mandar a la mierda porque son inanimadas y no pueden responder. Luego está el trabajo, porque provoca cierto sentimiento de amargura y resentimiento en casi todas las personas que conozco, lo que es un buen motivador. Luego, amigos, conocidos y desconocidos. La familia ocupa el último lugar por razones que deberían ser obvias.

Mira, sé que estás muy emocionada con el método y que te carcome la ansiedad por decirle a tu cuñado que se vaya a la mierda y deje de incluirte en sus mensajes de texto grupales sobre política…, pero no cedas a la tentación. Puedo decirte que comenzar con la familia sería tu perdición.

Quiero decir que la familia es un puñetero campo minado.

Es, sin duda, lo más difícil de mandar a la mierda. Por un lado, hay un sentido de **obligación** cuando se trata de la familia que supera hasta los **sentimientos** y las **opiniones**. Por esta razón, recomiendo agregar la sección «Obligaciones» a la lista de cosas que potencialmente pueden mandarse a la mierda, para determinar así tus sentimientos sobre la obligación antes de centrarte en un pariente particular, un evento familiar o un recuerdo.

Una vez que hayas abordado las primeras categorías, será mucho más fácil determinar si te aferras a la andrajosa estola de zorro de la tía abuela Jacinta *no* por la estola, sino por tus sentimientos hacia la tía abuela Jacinta (y por los sentimientos y las opiniones de otros miembros de tu familia que, por cierto, deberían ocuparse de sus propios asuntos). Escúchame ahora, créeme después: ¡estarás despidiéndote de ese cadáver de zorro en un abrir y cerrar de ojos!

¿Lista?

¡Genial! Pongamos este puñetero espectáculo en marcha.

COSAS

Como ya he indicado, la categoría «Cosas» engloba objetos y conceptos inanimados, que no poseen los molestos *sentimientos* y *opiniones* de tus congéneres humanos.

Es cierto que algunos elementos de tu lista de «Cosas» podrían ser en rigor personas (considero a Grateful Dead una *cosa*, por ejemplo, aunque sus componentes tomen la forma de cuerpos humanos); en rigor también podría calificarlos como desconocidos (no conozco a ninguno de los miembros de Grateful Dead en persona). Pero cuando digo *desconocidos*, en realidad, me refiero a personas con las que te has encontrado pero a las que no conoces, como ese tipo que conociste en vacaciones que te estuvo insistiendo para que compraras lotería para el viaje de fin de curso de sus hijos y tú estabas como: «Tío, me importan una mierda las vacaciones de fin de curso de tus hijos». Aunque supongo que, si ya agregaste *lotería para viajes* en tu lista de «Cosas», no es necesario que agregues al padre coraje a tu lista de «Desconocidos»... Pero un poco de redundancia nunca perjudica a nadie, sobre todo, si estamos buscando la iluminación.

Sea como sea...

¿Cuáles son algunas de las cosas que pueden importarme o no?

Si ahora mismo tuviera que hacer una lista de las cosas que cuelgan en mi desván mental, incluiría (pero no me limitaría a):

1. Planificar mis próximas vacaciones.
2. Preocuparme por si va a llover durante mis vacaciones.
3. El hecho de que Javier Milei haya sido elegido presidente de Argentina.
4. Terminar de escribir este libro para poder irme de vacaciones.

Ya sabes que, si hay elementos en mi lista que me molestan, quiere decir que no son importantes y no debería darles mis recursos. Lo mismo con los que me provocan alegría.

Entonces, al estudiar mi lista, me doy cuenta de que me alegra planificar las vacaciones y escribir este libro, mientras que la presidencia de Milei y un pronóstico lluvioso, **además de ser molestas, son cosas que no puedo controlar.** Por tanto, debería asignar mis recursos a las dos primeras y prepararme para desenfangar las dos últimas de mi desván como si fueran una cloaca del centro histórico. (Pero eliminar el fango en sí es el paso 2: llegaremos a su debido tiempo.)

Por ahora vas a explorar tu propio desván mental y hacer una lista de todas las cosas que encuentres ahí. A lo mejor tu lista se superpone con la mía, o tal vez tú has elegido vivir en Galicia o en Asturias porque la lluvia te produce alegría. No intentaré entender esa forma de vida, pero no te juzgo. Bueno, a lo mejor un poco…, pero a estas alturas ya deberías saber que puedes mandar a la mierda lo que yo piense, ¿verdad?

El caso es que no hay dos listas de mierdas iguales. Pregúntate: ¿cuáles son las cosas que te encuentras en el desván que te hacen suspirar de placer? ¿Y cuáles te generan una sensación en el estómago que se parece a un tenedor atascado en el triturador de basura?

¿Esto te produce alegría o molestia? Cuando llegue el momento, ¡enuméralas todas!

En busca de inspiración, puedes revisar esta lista de las cosas que solían saturar mi espacio mental y me causaban un sinfín de molestias. Desde entonces, he dejado de darles mis preciosos recursos. (Esto es solo la punta del preocupaberg, pero se entiende la idea.)

DIEZ COSAS QUE A MÍ, PERSONALMENTE, NO ME IMPORTAN UNA MIERDA

1. **Lo que piensan los demás.** Recuerda: este punto no es negociable. Toda la mierda proviene de aquí.
2. **Tener un «cuerpo bikini».** Dios mío, el día que dejó de importarme cómo me veía en traje de baño fue como si una camada de gatitas con leotardos negros hubiera caído del cielo para interpretar *All the Single Ladies* para disfrute exclusivo de mis muslos y mi barriga. ¡Fue algo mágico!
3. **Baloncesto.** Nunca he disfrutado ni entendido el baloncesto. No lo sigo y, cuando me invitan, no voy a los partidos. Simplemente, me importa

una mierda, y mi vida no es peor a causa de ello. Puedes aplicar esto a cualquier deporte o equipo deportivo, excepto a las Pingüinas Rugby de Burgos (porque lo digo yo).

4. **Ser madrugadora.** Durante la mayor parte de mi vida me he avergonzado de ser una inútil durante las primeras horas del día, de no querer programar nada antes del mediodía y de llegar siempre en el último momento a las reuniones matutinas. La sociedad parece valorar muchísimo a la gente madrugadora y menospreciar a todas aquellas que no nos alineamos (o no podemos alinearnos). Pero, una vez que abracé la vida del trabajador autónomo, me importó una mierda eso de ser madrugadora de una vez para siempre. Que os den, madrugadores.
5. **Taylor Swift.** Todo el mundo tan «¡Tay, Tay!», y yo tan «No».
6. **Islandia.** Estoy segura de que Islandia es un país hermoso, pero, cada vez que alguien comienza a contarme los planes para su viaje único en la vida a Islandia, o sobre cuánto se divirtieron en Islandia o que «¡la mayoría de los islandeses cree en los elfos!», los párpados comienzan a pesarme como si estuviera viendo una sesión de control al Gobierno.
7. **Cálculo.** Este es mi primer recuerdo de haber mandado algo a la mierda. Mi orientador del instituto insistió en que debía matricularme en esa asignatura si quería tener esperanzas de en-

trar en una buena universidad. Lo pensé largo y tendido, pero al final decidí que el cálculo me importaba una mierda y preferí no molestarme. No me matriculé y, *sí*, entré en Harvard. ¿Entonces?

8. **Fingir sinceridad.** Soy la encarnación misma de «Si no tienes nada bueno que decir, mejor calla». No me gusta fingir.
9. **Contraseñas.** Una de mis historias de éxito más recientes. Solía importarme mucho y sentía mucha ansiedad por la seguridad personal, pero luego leí varios artículos de expertos que afirman que lo único que se necesita para que nos pirateen es un adolescente eslavo lleno de granos en la cara. Así que pensé: «Tal vez podría usar la misma contraseña para todo. ¿En serio importaría?». Entonces me di cuenta de que, después de dieciséis años de matrimonio, mi marido *todavía* no conoce mi contraseña de hotmail de seis letras. A lo mejor podría importarme una mierda eso de idear una frase criptográfica diferente aprobada por Alan Turing para mis cuentas de Gap, Zara y Victoria's Secret. Hasta ahora, todo bien.
10. **Google+.** Ni siquiera lo probé.[1] #NoMeArrepiento.

(1) En el momento de escribir estas líneas, incluso Google ha mandado a la mierda a Google+: <http://smallbiztrends.com/2015/08/googleplusyyoutubeseparation.html>.

Mi lista puede contener cosas que a ti sí te importan, y eso está bien. Siéntete libre de ponerte esos cascos y escuchar *Shake It Off* una y otra vez mientras hurgas en tu desván.

Pero tal vez a ti te importe una mierda el uso de ropa interior. O la coma del vocativo. O permanecer a la derecha en una escalera eléctrica. (¿Eres imbécil?)

Sea como sea, ¡tienes el mundo a tus pies!

Algunas cosas más

Mientras escribía este libro, de verdad, he abierto las compuertas a las cosas que me importan una mierda (parece que tengo sentimientos muy fuertes hacia el membrillo casero y natural). Y aunque esto ha sido estimulante a nivel personal, alguien que apenas se inicia en #NoMeArrepiento podría encontrar más útil una lista de cosas que *sí* me importan y así distinguir cómo he liberado tiempo, energía o dinero para dedicarme a ellas.

¿Recuerdas ese listado de mierdas? Aquí está el mío, vamos a ello:

ME IMPORTA UNA MIERDA	**ME IMPORTA**
La amenaza nuclear de Irán	El cambio climático
El yogur griego	Todo lo que tenga que ver con hummus
El *glamping*	La depilación con láser
La langosta	Más caviar, por favor
La última opinión del papa	Instagram de Reese Witherspoon
Los servilleteros	Cantimploras de agua personalizables
Los Juegos Olímpicos	Terminar la cuarta temporada de *Mad Men*
Leer *The New Yorker*	Literalmente, cualquier cosa que podría estar haciendo
Ir al gimnasio	Dormir
Responder cuestionarios de Facebook	Pasar el tiempo con la mirada perdida
Fútbol de segunda división	Violaciones en las facultades universitarias

Algunas cosas de mis listas podrán parecer demasiado simplistas o superficiales, pero te aseguro que **tienen una importancia muy clara y cuantificable y merecen mi tiempo, mi energía o mi dinero.**

Por ejemplo, a menudo siento la presión de ir al gimnasio y luego me siento culpable de no hacerlo. Pero, cuando decido mandar a la mierda este asunto de ir al gimnasio, me estoy liberando de esos momentos en los que me siento culpable y fatal (además de gorda) y, en cambio, me entrego con alegría a una hora extra de sueño cada mañana. Estoy reasignando tiempo, reservando energía y, si consideras las cuotas de la mensualidad, también ahorrando dinero.

¡La trifecta de mandar a la mierda!

(Tampoco exagero al decir cuánto vale, para mí, el no volver a hablar jamás sobre el yogur ni tener que comerlo. Si te soy sincera, me siento mucho mejor con tan solo *decírtelo.*)

A medida que avances en las cuatro categorías, identificarás las cosas que a ti te molestan y las que a ti te provocan alegría. Algunas de estas revelaciones pueden hacer que otras personas cuestionen tus prioridades, pero ¿a quién narices le importa? **Estás ahí fuera, dando menos recursos y viviendo mejor tu vida.**

Sé que yo lo estoy haciendo.

Solo piensa en esto: en el tiempo que has tardado en leer hasta aquí, yo ya completé una gran cantidad de pasos 2 del método #NoMeArrepiento. Mandé a la mierda los servilleteros y *The New Yorker*, me depilé la línea del bikini y pasé tiempo de calidad con la mirada perdida en el infinito mientras el sabor del cremoso hummus Sabra Classic permanecía en mi lengua. Y cuando lleguen las próximas Olimpiadas, estaré lista para mandar a la mierda los Juegos Olímpicos de una vez y para siempre.

Es importante tener metas.

Y hablando de metas (como aquel pobre perdedor que entrena durante diez horas al día para saltar en un montón de tierra medio centímetro más lejos que Mike Powell en Tokio 1991): es hora de que hagas un inventario de las cosas almacenadas en tu desván mental y formules tu primera lista.

En la siguiente página te ofrezco algunas columnas para que comiences, pero siéntete libre de añadir hojas.

No escatimes. ¡Esto es importante!

COSAS QUE PUEDEN IMPORTARME O NO

TRABAJO

Aunque no es tan fácil de despejar como la categoría de «Cosas» (que involucra simplemente dejar de agobiarte por objetos inertes), el «Trabajo» no es tan complicado como el apartado de «Amigos» y «Familia», y por eso es el segundo punto de entrada para echar a andar esta magia transformadora de vida.

Además, si le preguntaras a un grupo de personas al azar qué es lo que más odian en la vida, muchas te dirían que sus trabajos, sus jefes, sus colegas, el Departamento de Informática o algo dentro de ese ámbito. Una especie de objetivo amplio.

Por suerte, **hay muchas maneras perfectamente aceptables de reducir la cantidad de recursos que malgastas en el trabajo** (ya sea ausentándote de una reunión innecesaria, rehuyendo el papeleo inútil o declinando una invitación a la fiesta de un compañero de trabajo) y, aun así, conservar tu empleo, tu respetabilidad e incluso la estima de los demás (si esto te importa, consulta la página 78: «El vórtice de la simpatía»). Analizaremos todo esto con mayor profundidad en esa sección, y todavía más en la tercera parte.

Las dos razones más comunes por las que te agobias demasiado en el trabajo son las siguientes:

1. Temor al juicio de un jefe (que controla tu sueldo).
2. Temor al juicio de los compañeros de trabajo (con quienes pasas la mayor parte del día).

Todo esto es perfectamente comprensible a simple vista, pero ¿alguna vez te has detenido a considerar lo siguiente?

1. ¿Tan difícil es que te despidan, siendo sinceras, si estás haciendo un buen trabajo?
2. ¿Cuánto te importa realmente si Teresa, de Marketing, piensa en ti con cariño? Que se vayan a la mierda Teresa y su medio maratón de la campaña de recaudación de fondos para salvar a los osos polares, ¿no? (Hablaremos sobre Teresa más adelante.)

Por ahora, recuerda que solo deberías regalar tus recursos a las cosas que puedes controlar y mandar a la mierda aquellas que no puedes controlar. El trabajo es una placa de Petri en horario de nueve a cinco, rebosante de cosas, personas y prácticas que en realidad no *elegiste* y, por tanto, no puedes controlar.

Piensa en el edificio corporativo promedio y sus deprimentes alfombras industriales, sus anodinas salas de reuniones y sus macetas con plantas de plástico. Puedes permitir que ese cuadro destructor de almas te deprima o… puedes dejar de darle tus recursos. En lugar de entrar todos los días y pensar: «Dios, este lugar es un pozo de mierda en escala de grises, ¡me deprime tanto!», podrías pensar: «Al menos, no tendré que preocuparme si derramo café en esta alfombra, ¡no podría ser más fea!».

El punto es que tú solo puedes controlar lo BIEN que haces tu trabajo y CUÁNTO tiempo y energía dedicas a minimizar las molestias y maximizar la alegría.

Aplica el método #NoMeArrepiento a tu vida laboral y deja de agobiarte (o agóbiate menos, en todo caso) por los aspectos molestos de tu trabajo. Esto puede ser sorprendentemente simple y no tiene por qué dar como resultado tu despido por incompetencia o insubordinación.

Para que entres en el estado de ánimo adecuado, repasemos algunos ejemplos comunes de cosas que pueden importarte una mierda, o no, en un día normal de trabajo.

Reuniones

No estoy diciendo que forzosamente debas dejar de asistir por completo a las reuniones, sobre todo, si tu asistencia es crucial para conservar de tu trabajo (suponiendo que deseas conservarlo; de lo contrario, consulta «Mandar a la mierda el trabajo de manera definitiva» en la página 167).

Para empezar, hay juntas a las que no tienes por qué confirmar tu asistencia.

Por ejemplo, digamos que un compañero de otra área de la empresa (la oficina de Zaragoza, tal vez, si tú trabajas en Barcelona) vendrá a tu ciudad. Algún asistente ejecutivo está «programando reuniones» escalonadas cada media hora con el fin de que este compañero pueda deambular de una planta a otra del edificio repitiendo las mismas trivialidades sobre el clima y haciendo comentarios vagos sobre el estado del negocio. Hay ocho horarios para las reuniones, dice el asistente ejecutivo. ¿Cuál prefieres?

Respuesta: «Ninguna».

Puedes decir simplemente: «Ninguno de esos horarios me viene bien» y continuar con tu día. Lo sé, te preocupa meterte en problemas y tu deseo de quedar bien con el jefe prevalece por encima de tu deseo de no participar en esta reunión. Pero si eres una persona competente y *sabes* que es un desperdicio de media hora, tu jefe también lo sabe. Decide mandar a la mierda la reunión. Deja que alguien más se fastidie por el equipo. Muchos compañeros de trabajo menos iluminados que tú desfilarán hacia esos horarios como prisioneros con los ojos vendados hacia el paredón de fusilamiento.

PowerPoint

Steve Jobs también tenía opiniones fuertes sobre las reuniones, incluido el uso de PowerPoint en ellas. En la biografía que escribió Walter Isaacson sobre el difunto director ejecutivo de Apple, incluye esta cita:

«Las personas que saben de lo que están hablando no necesitan PowerPoint». Tiene razón. A la mierda el PowerPoint.

¡No tienes que ser tú!

(Mejor aún: si tienes uno de esos calendarios electrónicos que todos pueden ver en la oficina, simplemente comienza a marcar los días completos como «ocupado» para que nadie *pueda* programar una reunión contigo.)

O sea: sí, algunas reuniones son necesarias, no hay forma de evitarlas. Pero si encuentras que una es un agujero negro de cháchara inútil, sin mencionar la maldita pérdida de tiempo, entonces podrías decidir mandar a la mierda *prestar atención*. Y, por supuesto, puedes mandar a la mierda *tomar notas*. En serio, ¿alguna vez has usado las notas que tomaste en una reunión? Seamos realistas.

Y, una vez que hayas mandado a la mierda esa reunión semanal con el Departamento de Ventas y la página que llenaste de garabatos sin sentido, puedes usar ese tiempo para hacer algo que *sí* te importe. Como una lista de la compra. O planear tu próxima aventura de observación de aves (esos buitres leonados no se observarán a sí mismos). ¡O escribir la gran novela española! Solo piensa en cuánto podrías lograr (cosas que de verdad te importan) en esas, digamos, de una a cinco horas a la semana que hasta ahora has estado desperdiciando. **Equivalen a un promedio de entre 52 y 260 horas al año.**

Sabía que eso te entusiasmaría.

Videoconferencias

Las videoconferencias son básicamente un subconjunto de las reuniones. Son aquellas que se llevan a cabo por videollamada. Son *peores* que las reuniones. Son la tormenta perfecta de la no productividad: una excusa para no lograr nada de nada y, literalmente, perder el tiempo de todos. Siempre que sea posible, me niego a participar en reuniones virtuales y te aseguro que he seguido siendo un ser humano respetado, productivo y empleable.

No estoy exagerando con efectos dramáticos... Simplemente, no participo en reuniones virtuales que no considere esenciales. Decir no a esas videollamadas fue equivalente a decir sí a tres o cuatro horas libres a la semana en las que podía hacer el trabajo real. **Puedes decidir mandar a la mierda una videoconferencia. De todos modos, nada importante ocurrirá en ella.** Esta es la naturaleza, y la paradoja, de las videoconferencias. Si las personas insisten en invitarte, hazlo tan difícil que de golpe se den por vencidas. En serio, si hay algo que odio más que estar en una conferencia de esas, es organizar una.

Y si te preocupa ser una mala persona en el trabajo, pregúntate: «¿El hecho de que mande a la mierda mi participación en esta videollamada afecta a otras personas?». La respuesta es sí, obviamente, pero en realidad les afecta de forma *positiva*. Estás salvando a las personas (no solo a ti) de sí mismas guiándolas con gentileza para que no se involucren en esta actividad que les consume el alma, el tiempo y la energía. ¡Los volverás millonarios con tantos recursos extra!

El vórtice de la simpatía

Caer bien y ser respetada no es necesariamente lo mismo. Por un lado, es mucho más fácil conservar tu trabajo si se te respeta que si simplemente *se te estima*. Me pueden «agradar» muchos inútiles incompetentes a los que nunca contrataría.

El vórtice de la simpatía sucede cuando te preocupas más por caer bien que por ser *digna de respeto*. Terminas encerrada en un devastador huracán de mierda. ¿Por qué? *Porque no puedes controlar el hecho de agradar a los demás.* Puede que seas una persona divertida, pero es posible que tu particular sentido del humor no concuerde con el suyo y que no les resultes agradable. Puede que seas superamigable, pero es posible que te perciban como una persona rara y que no les gustes. Puede que seas un ser absolutamente inofensivo, pero les recuerdas a su ex. Y, SIMPLEMENTE, NO LES GUSTAS.

Lo que *puedes* controlar es si eres digna del respeto de los demás, invirtiendo tus recursos en los aspectos de tu trabajo que te hacen excelente en él. Puede que te respeten o no (después de todo, tienen sus propios listados de mierdas), pero, si estás haciendo un buen trabajo, al menos sabes que eres digna.

Y si hacer un buen trabajo significa gastar más recursos en ello y menos en agradarle a la gente mientras lo haces, entonces has escapado del vórtice de la simpatía y el huracán de mierda que lo acompaña. Buen trabajo. Tómate el resto del día libre.

Códigos de vestuario

Esto puede estar incluido o no en tu lista dependiendo del tipo de empresa para la que trabajes. Obviamente, si eres autónomo, como yo, hace mucho que dejaste de preocuparte por tu vestuario. Pero si trabajas para algún fondo de inversiones de lujo, un bufete de abogados o lo que sea, tal vez debas usar traje, no hay forma de evitarlo. Eso va en la lista de las cosas que importan, aunque siempre puedes ponerte un pin de una caca en la solapa para aumentar la alegría. Si trabajas en ventas o en el servicio de alimentos y tienes uniforme, omite esta sección. Y si trabajas en una galería de arte, ¡genial!: tienes la oportunidad de hacer lo que se te antoje.

Pero si eres una de los miles de millones de personas que trabajan para una empresa que te permite elegir la ropa que usarás cada mañana y, aun así, sientes la necesidad de imponerte un «código de vestuario» en el manual del empleado, prepárate para una charla seria.

Mi antigua empresa era muy exigente con respecto a lo que constituía la indumentaria apropiada para los «viernes de verano»: nada de chanclas de plástico, bermudas, camisetas sin mangas u otra «ropa de playa», entre otros noes. (Ni en lo más profundo de mi estado iluminado puedo recordarlos todos.) Había recordatorios cada verano, la directora ejecutiva casi determinaba nuestro guardarropa para todo el año y con su aversión particular hacia los dedos de los pies. A lo mejor solo quería que fuéramos profesionales. A lo mejor sufría de podofobia. Sea como sea, en algún momento decidí que me importaba una mierda.

Sucedió así: todos los días tardaba cuarenta y cinco minutos en llegar al trabajo con el opresivo aire viciado del verano, luego pasaba más de ocho horas en mi oficina y, por la tarde, por lo general, asistía a un evento relacionado con el trabajo antes de tardar otros cuarenta y cinco minutos en volver a casa. De verdad comenzó a molestarme el hecho de no poder *vestirme como me diera la puñetera gana*. (Además, y no por presumir, tengo los pies bonitos.) Piensa lo que es estar parada en esos pies durante doce horas al día en los meses más sudorosos del año: significa ampollas del tamaño de huevos escalfados si tengo que meter mi talla 36 sin medias en un par de zapatillas.

Así que un día, en el verano de 2014, mientras miraba, suspirando, mi armario lleno de elegantes sandalias de tiras en hermosos colores que irían muy bien con mis pantalones Capri apropiados para el trabajo, solté un «¡A la mierda!» mental y comencé a usarlas para ir a trabajar.

Había pasado ocho años en esa empresa, incómoda y consumiendo miles de tiritas desde el Día de Reyes hasta la Navidad, ¿y por qué? ¡Porque el código de vestuario me importaba! Me estoy irritando solo de recordarlo.

Estas fueron las consecuencias: NINGUNA.

Usé mis sandalias todo el verano y nadie dijo una sola *palabra* al respecto. Incluso me topé con la directora ejecutiva varias veces en el ascensor y ni se inmutó.

Lo he dicho y lo diré de nuevo: es muy difícil que te despidan de un trabajo que estás haciendo bien. Y, teniendo en cuenta todas las cosas a las que debes asignarles tus recursos para llevar a cabo tu trabajo, debe de haber por lo menos cinco que puedas mandar a la mierda y mejorar de manera significativa tu vida cotidiana. Los códigos de vestuario son una de ellas.

Papeleo inútil

Este punto afecta a miles de personas en todo el espectro de trabajo: abogados, banqueros, secretarios, gerentes de ventas, todos los niveles superiores e inferiores de la cadena de mando. El papeleo inútil es el azote de nuestra sociedad ¡y depende de ti mandarlo a la mierda!

¿Has oído hablar de la «teoría de las ventanas rotas»? Esencialmente, sugiere que, si se permiten pequeñas infracciones (como tirar basura y vandalizar), pronto el entorno completo sufrirá una destrucción a gran escala.

Lo mismo ocurre con el papeleo.

Hay que cortar esta preocupación de raíz. Cuanto más papeleo inútil estés dispuesta a hacer, más se amontonará sobre tu mesa. Es como la cuarta ley de Newton o algo así.

Sí, hay algunos documentos que simplemente debes rellenar. Si no envías tus facturas, no te pagan y punto. ¡Eso es útil! Pero aquí estoy hablando de esos informes que sabes muy bien que nadie lee o leerá nunca. Esos que se escriben y se archivan enseguida, esperando que el Apocalipsis los vuelva todavía más inútiles. Como los inútiles informes de rendimiento nivel «enredos de oficina». Todos los formularios que están listos para ser «distribuidos», pero que, por alguna extraña razón, nunca llegan a su destino final y deben volver a enviarse siete veces. Y, a pesar de que estos formularios desaparecen con frecuencia, la empresa aún no ha cerrado, por lo que es lógico pensar que un papeleo como este no es tan esencial para sus operaciones y tú no tienes que seguir chutándotelos.

Todos tenemos algunos formularios de este tipo en nuestras vidas. Te sugiero que dejes de rellenarlos y veas qué ocurre. Probablemente, nada.

Osos polares y medias maratones

¿Trabajas en una oficina o en algún otro entorno en el que tus compañeros de trabajo creen que es apropiado solicitar donativos para sus actividades personales? Ese era mi caso, y la única excepción válida para eso son las galletas de los Boy Scouts. Cualquier cosa que no sean galletas y pastelitos es un asunto por el que *no* necesitas sacrificarte.

Imagina que Teresa, de Marketing (¿recuerdas a Teresa?), está pidiendo donativos para su media maratón, cuyas ganancias se destinarán a una ONG que es importante. Para ella. No para ti. Teresa está salvando a los osos polares o algo así. A ti te importan una mierda los osos polares. Pero te preocupa que *no* contribuir al pequeño *osopolartón* de Teresa te convierta en una miserable ante todos, y que cada vez que te encuentres a alguien en el comedor invente una excusa para darse la vuelta y largarse de inmediato con tal de no compartir el oxígeno con esta maldita tacaña que odia a los osos.

Ahora, pregúntate: «¿Sinceramente, me importa lo que Teresa (o cualquier otra persona) piense sobre mi disposición para apoyar su ONG? ¿Me importa la opinión que ella (o alguien más) tenga sobre mí?».

Si la respuesta es «No» (como debería ser si te estás tomando esto en serio), entonces pasa a la siguiente pregunta: «Solo para que conste, ¿me importan los osos polares? ¿Y las medias maratones?».

Si la respuesta a estas preguntas complementarias también es no, entonces tu lista de «Cosas relacionadas con el trabajo que te importan una mierda» va muy bien. ¡Felicidades!

El siguiente paso (al que llegaremos en la tercera parte) es negarte con toda educación (es decir, sin herir sus *sentimientos*). No contribuir con la campaña de recaudación de fondos de Teresa. Por ahora, ya **has dejado** de preocuparte por lo que piensa Teresa, ya **has decidido** que su recaudación de fondos te importa una mierda; entonces, **has mandado ese asunto a la mierda.**

Pero, de nuevo, tampoco tienes que comportarte como una imbécil desempleada.

Cuando digo que puedes mandar a la mierda lo que piensen tus compañeros de trabajo, lo digo en serio, aunque no los conozco personalmente; puedes arreglártelas prestando *mucha* menos atención a sus opiniones sobre las decisiones de tu vida. Para poner otro ejemplo, digamos que uno de tus compañeros de trabajo, Tito, está celebrando una fiesta de cumpleaños en un bar de la zona con karaoke. Por el motivo que sea, no quieres ir a la fiesta de Tito, pero es el tipo de eventos a los que te sientes presionada a asistir, aunque eso te cueste una buena noche de sueño, cincuenta euros en margaritas adulteradas y tu dignidad. Ahora no estoy sugiriendo que respondas a la invitación riéndote en la cara de Tito o enviándole un *gif* del oso Ted cagando en un sombrero de fiesta. Solo digo que podrías, con la mayor amabilidad del mundo, rechazar la invitación. Y el mundo seguiría existiendo. Habrías tachado una preocupación de tu lista y obtenido una noche libre.

Pero ¿y mi reputación?

Muchas personas con las que hablo sobre mandar a la mierda el trabajo en realidad están menos preocupadas por herir los sentimientos de otras personas y **más preocupadas por herir su propia reputación.** Sin embargo, esta es precisamente la razón por la que el método #NoMeArrepiento hace tanto énfasis en no herir los sentimientos de las personas y no terminar convirtiéndote en imbécil. Ambas cosas contribuyen a tu reputación como empleada, colega o jefa.

La clave aquí es la preparación y la delicadeza. Necesitas articular tus mierdas para ti misma (despeja tu desván mental, haz tus listas y considera tu listado de mierdas) antes de herir los sentimientos de alguien al instante. Luego, actúa en consecuencia.

Si decides, por ejemplo, que no te importa una mierda el pícnic anual de la empresa, simplemente..., no vayas. No pueden despedirte por eso y puedes usar esas tres horas para ponerte al día con *Downton Abbey* o pasar tiempo con un ser querido. (¿A quién engañas? *Downton Abbey* hasta el final.) No es que tengas que hacer sonar la alerta sísmica para cancelar el pícnic. Ofrece tus disculpas de manera oportuna y ya está. La verdad es que a nadie le importará si vas o no; eres poco amigable.

Como diría el presidente Obama: «Permíteme ser clara». Una de las cosas a las que siempre he asignado y siempre asignaré mis recursos cuando se trata del trabajo (sea como empleada de oficina o como irresponsable trabajadora autónoma) es mi reputación. Presupuestar mi tiempo y energía, perfeccionar mi capacidad para concentrarme y producir y ser respetada a lo largo del camino son elementos valiosos para mantener una buena reputación, lo cual ocupa una posición elevada en mi lista de «Cosas que me importan».

¿Y si tengo la reputación de ser alguien que no asiste a las reuniones virtuales? Bueno, eso es algo que puedes garabatear sobre mí en la pared del baño de hombres, junto con mi número de teléfono. Me importa una mierda. (Pero restrinjo mis llamadas.)

Esto no es papeleo inútil

Como he dicho, el estado ideal para hacer listas es sentada en un suelo duro y frío, recorriendo tu desván mental y sintiendo cómo te entumeces lentamente desde las caderas hacia abajo a medida que experimentas la sobrecarga de mierdas. Sin embargo, haré una excepción para la categoría «Trabajo» si la lista correspondiente puedes hacerla *durante una reunión.* ¡A la mierda las reuniones!

Ten en cuenta que el trabajo viene con varias subcategorías como: jefes, compañeros de trabajo, política de la oficina, reuniones, memorandos, etc. Y luego los compañeros de trabajo pueden incluir subcategorías como: sentimientos, cumpleaños y mascotas enfermas.

Imagina que hay un conjunto de archivadores de metal abollados recubriendo las paredes de tu desván.

Saca todos los cajones, uno por uno, y haz una lista de todas las cosas relacionadas con el trabajo que encuentres dentro.

Entonces (y solo entonces), puedes pasar a la categoría 3: «Amigos, conocidos y desconocidos».

Una nota sobre el grado de dificultad

Al igual que los huracanes, las «Cuatro categorías de aquello por lo que suelo agobiarme» se vuelven más traicioneras conforme su designación numérica es más alta. Tengo fe en tu capacidad para resistir la embestida, pero, si estás ansiosa por avanzar a la categoría 3, debes saber que aquí estamos hablando de cosas *extremadamente* prácticas.

Por ejemplo, si alguna vez has estado sentada en tu salón fantaseando sobre cómo salirte con la tuya y ausentarte a última hora del recital de poesía de tu amigo, deberías estar muy emocionada de pasar a la siguiente categoría. Puede resultar un poco incómodo al principio, pero también lo es escuchar la *Ilíada* rapeada sobre el tema musical de *Mister Rogers' Neighborhood* mientras aumenta tu desesperación por vaciar tu vejiga de los cuatro vasos de pinot gris que has tenido que consumir para llegar tan lejos.

COSAS RELACIONADAS CON EL TRABAJO QUE PUEDEN IMPORTARME O NO

AMIGOS, CONOCIDOS Y DESCONOCIDOS

Amamos a nuestros amigos. Por eso *son* nuestros amigos. Pero todas las relaciones son complicadas y, a veces, los amigos ponen de los nervios a los amigos. Yo lo hago todo el tiempo, como cuando me emborracho: me pongo cosas en la cabeza y obligo a mis amigos a que me hagan fotos. Me doy cuenta de que esto se vuelve molesto, pero, bueno, ¡tal vez simplemente deberían irse sin decir nada antes de que yo empine la quinta copa de vino! Y esta es exactamente la razón por la que es tan importante desarrollar tu estrategia interna para mandar a la mierda los conflictos que podrían poner en peligro una amistad o hasta destruirla.

El caso es que otras personas depositan gran parte de *sus* mierdas en tu desván mental. Algunas son almacenamientos a corto plazo, pero otras han estado acumulando polvo en un rincón del fondo durante años. La verdadera pregunta es esta: ¿cómo llegaron esas mierdas ahí, para empezar?

Ah, es cierto. Tú las dejaste entrar.

ESTABLECER LÍMITES

Para que tus amigos, conocidos e incluso desconocidos no te molesten, necesitas establecer algunos límites de entrada a tu desván.

Tal vez estos límites sean invisibles, como esas vallas de descarga eléctrica que la gente instala para evitar que sus mascotas escapen. Por ejemplo, digamos que, cada vez que vas a la casa de cierta pareja, su perro gigante y baboso intenta lamer tu entrepierna como si ahí guardaras croquetas, y evitas ir a su casa para no sentirte *molesta* con tus amigos por su perro lame-entrepiernas. Mandas a la mierda lidiar con su perro, pero no se lo dices porque sospechas que eso lastimaría sus sentimientos. ¡Eres tan amable! Así que estableces un límite privado: los invitas a que vengan a tu casa o les sugieres lugares neutrales de reunión, donde tu entrepierna permanezca fuera de peligro. Y, si la reunión es en su casa, tal vez te duela un poco el estómago justo esa noche. No hay nada de malo en alegar malestar gástrico de vez en cuando para mantener una amistad intacta.

En ocasiones, tus límites pueden ser más obvios, como un sutil letrero de PROHIBIDO PASAR o ese elegante alambre de púas que colocan en los patios de las cárceles.

Por ejemplo, cuando apenas me iniciaba en el método #NoMeArrepiento, me enfrenté al problema del «Trivial de bar». Tengo un grupo de amigos a los que les *encaaaaantan* los Trivial de bar.

¡En Williamsburg! (Para quienes no lo sepan, Williamsburg, Brooklyn, es un horrible páramo hípster poblado exclusivamente por bigotes y latas vacías de cerveza Pabst Blue Ribbon.) Ellos no dejaban de invitarme, y yo seguía poniendo excusas poco convincentes para no ir. Luego tenía que recordar minuciosamente mis excusas para que no me pillaran por culpa de Facebook.

Pero, en cuanto abracé el método #NoMeArrepiento, en lugar de devanarme los sesos buscando excusas poco convincentes (y luego tener que restringir mis redes sociales para asegurarme de que no pillaran mi mentira), la siguiente vez que me preguntaron tan solo dije: «La verdad es que no me gustan los Trivial de bar y tampoco me gusta mucho Williamsburg, así que mi respuesta a esto siempre será «no». Quizá debería deciros esto ahora y salvarnos a todos del teatro kabuki de invitaciones y disculpas».

¡Instalé mi cerca y funcionó de maravilla!

¿Te preocupa que tus amigos se enfaden contigo si les dices la verdad? Entonces te preocupas demasiado. La belleza del método #NoMeArrepiento es que *no tendrás que* preocuparte, porque has tomado en consideración los sentimientos y las opiniones de todos (incluidos los tuyos) antes de actuar.

Ahora que mis amigos saben la verdad, me siento Liberada, con *L* mayúscula. Fui sincera y amable, y no hubo sentimientos heridos de por medio, así que no tuve que disculparme. Literalmente, no me arrepiento.

Además, y esto es una gran victoria, no tuve que volver a ir a un Trivial de bar en Williamsburg nunca más.

* * *

Los dos primeros han sido ejemplos fáciles y sencillos, pero solo estamos comenzando. Habrá muchas cosas en tu lista de «Amigos» que requerirán un #NoMeArrepiento más complejo, y esa es la razón por la que también he incluido a conocidos y desconocidos en la combinación de la categoría 3. De este modo, si no sabes cómo actuar ante la «fiesta de divorcio» de tu amiga o la lesión verdaderamente insignificante de la que ella no para de hablar (los tobillos se tuercen, Sandra, para eso están), puedes practicar tu método con un vecino parlanchín o con el cajero del súper. Después ya trabajarás hasta llegar a lo que te importa/no te importa una mierda con tus más cercanos y queridos.

Lo que me lleva a...

SOLICITUDES, DONATIVOS Y PRÉSTAMOS, ¡OH, DIOS!

Hablamos un poco sobre esto cuando lo de Teresa, de Marketing, pero la petición de dinero bajo la apariencia de donativos para una causa o el proyecto favorito de alguien (o incluso como un préstamo en efectivo) es frecuente entre amigos. Sabes de lo que estoy hablando: una recaudación de fondos de cien euros por cabeza para el candidato político que alguien apoya, una colecta de veinticinco euros para el paseo en bicicleta de algún otro que anda combatiendo la obesidad felina o diez euritos para una campaña de microfinanciación colectiva para alguien que necesita un ukelele.

Puedes poner *crowdfunding* en tu lista de «Cosas que me importan una mierda» de la categoría 1, pero el detalle es que esta particular petición de dinero y validación está vinculada a una persona. Podría tratarse de un amigo cercano, un conocido de las redes sociales o, en muchos casos, el amigo de un amigo de un amigo que se sintió obligado a enviártelo a ti y a otros trescientos incautos. Estas cosas son de categoría 1 con categoría 2 a la 4 en aumento. Muy astuto.

De cualquier manera, no pretendo deslegitimar esas solicitudes, que por lo general se hacen de buena fe. Pero, si bien hay muchas causas excelentes, organizaciones benéficas e inventos por ahí que pueden ser dignos de tu dinero y tus recursos (yo misma he contribuido con varias), **creeeo que no todas pueden encajar dentro de tu listado de mierdas.**

¡Y esa, amiga/conocida/desconocida, es la razón por la que estás leyendo este libro!

Internet ha hecho posibles innovaciones tan gloriosas como Tinder y *mahjong* en línea, pero también ha sacado a relucir a la miserable que llevamos dentro a través del correo electrónico, las redes sociales y los sitios web patrocinados. **Estas plataformas hacen que sea mucho más fácil y menos conflictivo para la gente pedir dinero.** Si todas las solicitudes que he recibido por correo electrónico o Facebook tuvieran que hacerse en persona, con gorra y riñonera, al viejo estilo, te juro que la mitad de estas personas abandonarían la causa de la obesidad felina y no querrían un ukelele.

En un año, por ejemplo, llegaron a mi correo electrónico solicitudes urgentes de donativos para curar el sida, la diabetes y las enfermedades cardíacas; apoyar la paternidad responsable; financiar un pódcast, dos películas independientes y tres álbumes de música; erradicar cuatro cánceres diferentes, y subvencionar varios esfuerzos empresariales condenados al fracaso. **Algunas provenían de amigos cercanos; algunas, de amigos de mis amigos, y otras, sí, de completos y absolutos desconocidos.**

Antes de emprender mi camino hacia la iluminación, gasté demasiados de mis valiosos minutos agonizando sobre si debía contribuir a cualquiera (o todas) de estas apelaciones caritativas. Y luego gasté demasiado dinero en donaciones. **Pero no se trataba solo de tiempo y dinero.** También dediqué mucha energía a preocuparme por si se sabría si había contribuido o no y qué pensaría la gente de mí. Y, también, si tendría que *hablar* con ellos al respecto en alguna fiesta, algún día, con el rabo entre mis tacañas y pequeñas patas.

¡Se acabó!

Ahora que practico el método #NoMeArrepiento, puedo determinar rápida y fácilmente si la petición me importa y si afecta a alguien más y luego actuar de una manera sincera y educada que me deja más tiempo, energía y dinero para gastar en otras cosas. Puedo ponerle candado a la puerta de mi desván y abrirla solo para llevar las mierdas *a)* para las que tengo espacio y *b)* que estoy feliz de guardar durante una noche, un par de semanas o para siempre.

¿Ya he dicho que mi método es simple y transforma la vida al mismo tiempo?

Comencemos con desconocidos y conocidos y vayamos ascendiendo después hacia los amigos, solo un pordiosero por peldaño.

Digamos que un día recibes un correo electrónico masivo de alguien que apenas conoces (y que, obviamente, envió el mensaje con copia a toda su libreta de direcciones) pidiéndote: «¡Contribuye con lo que puedas!» para la recaudación de fondos de algún viejo amigo del campamento de verano para... no sé... gafas de sol para perros.

Al revisar lo que ya has aprendido, determinas que, a pesar de que esta partida en tu listado de mierdas sí afecta a otra persona, lo hace de una manera bastante indirecta: no le estás quitando nada a este aspirante a emprendedor (que es un completo desconocido para ti); simplemente, no estás sumando a sus arcas.

En segundo lugar, la persona que te envió la solicitud es tan solo un conocido, no un amigo cercano, por lo que tal vez ni siquiera debas dar explicaciones en persona a corto plazo ni expresar tu **diferencia de opinión** sobre si el mundo necesita gafas de sol para perros.

Por último, si se maneja bien, esta situación no debería terminar, necesariamente, con los sentimientos heridos de alguien. Quiero decir, siempre y cuando no respondas a todos diciendo: «¿Gafas de sol para perros? ¡Esa es la idea más estúpida desde las extensiones de pelo para bebés!». No hay necesidad de ser una imbécil. (Aunque, aquí, entre nosotros, ambas ideas son muy estúpidas. ¿Para qué narices necesita un bebé extensiones de pelo?)

Entonces, paso 1: sabiendo todo esto, ¿te importan las gafas de sol para perros?

¿No? Entonces, ¿por qué no has eliminado ya ese correo electrónico, tonta? (Lo siento, no he podido evitarlo.)

Vale, vale, pero eso fue solo el amigo de un amigo. ¿Qué sucede cuando una amiga muy cercana quiere que dones a algo que es de verdad importante para ella?

Aquí es cuando tienes que ir más a fondo y usar todas tus habilidades: encerar, pulir, pintar la valla, etc. (Ah, el señor Miyagi... ese sí que era un tipo que mandaba a la mierda.)

Primera pregunta: ¿el proyecto de tu amiga es importante también para ti? O sea, ¿te produce alegría? Si la respuesta es «Sí» y tienes la solvencia para ofrecer una donación de tu listado real, no solo de tu listado de mierdas, entonces, aporta. ¿Por qué estamos teniendo esta conversación, para empezar?

Pero si la respuesta es «No», pregúntate si es posible negarte (sincera y educadamente) sin herir los sentimientos de tu amiga. Dependiendo de qué tipo de persona sea tu amiga, esto podría ser fácil o difícil.

¿Tendrás que hablar del tema después de esa lluvia inicial de correos electrónicos? ¿No? Entonces, procede a mandar a la mierda. No revises la página, no dones doscientos euros, no.

¿O crees probable que tu amiga lo mencione en una conversación informal la próxima vez que la veas? («¡Dios mío, mi *crowdfunding* va al 17 %! ¡¿PUEDES CREERLO?! ¿ENTIENDES A LO QUE ME REFIERO? ¿SÍÍÍÍ?, ¿LO SABEEEES?») En este caso, debes responder con algo como «¡Felicidades! ¡Me alegro mucho!», mientras piensas: «No voy a reconocer que no he contribuido a menos que me lo preguntes directamente, cobarde». En situaciones como estas, eres como un cinturón negro de aikido, cuyo principio general es ceder a un ataque entrante en lugar de enfrentarte a él con la fuerza opuesta. Al hacerlo, absorbes la energía de tu oponente y la rediriges hacia ella para derrotarla por su propia mano. **En otras palabras: puedes responder amablemente a su agresión pasiva con una dosis propia y ganar la batalla sin que ella se dé cuenta siquiera de que has luchado.**

Se vuelve un poco más complicado (¡pero no imposible!) si tu amiga es una de esas personas a las que no se puede aplacar esquivándola con gentileza o aplicando alguna antigua filosofía china. Aquí es cuando tienes que sacar tu listado de mierdas y tu calculadora de opiniones frente a sentimientos en medio de la fiesta, desarrollar tu respuesta sincera y educada sobre lo superfeliz que te sientes por ella, pero explicar que esperas que entienda que no tienes dinero extra para gastarlo en la búsqueda de las esperanzas y los sueños de otra persona.

Et voilà!

Adelante, dilo. No crees que vaya a funcionar, ¿verdad? Crees que al final te ahorrarás el dinero, pero no el sufrimiento de estar suponiendo qué es lo que piensa tu amiga o ante la perspectiva de herir sus sentimientos.

¿Crees que no he pasado por eso? Bueno, pues sí lo he vivido, y es por eso por lo que tengo una cosita más en mi bolsa de trucos...

POLÍTICAS PERSONALES

Las políticas personales son una excelente manera de dejar de agobiarte de forma rápida, eficiente y con un riesgo extremadamente bajo de herir sentimientos. (No puedo ayudarte si tu amiga es un caso perdido de egocentrismo… pero tal vez ella debería considerar ir a terapia.)

Así es como funciona:

Si hay algo que quiero mandar a la mierda, pero se encuentra en esa zona gris donde podría herir los sentimientos de otra persona, sin importar lo sincera y amable que yo sea, tan solo lo atribuyo a una «política personal».

Como: «Tengo una política personal que no me permite donar a campañas de *crowdfunding* porque siento que, si dono a una, después me sentiré obligada a donar a todas. Simplemente no puedo pagarlo y, si tuviera que elegir, no me gustaría que ninguna de las personas que quiero piense que la valoro más o menos que a cualquiera otra».

¡Ya está!

Y, como he dicho, se aplica a cualquier donativo, recaudación e incluso a los préstamos en efectivo, ya que, por lo general, son solicitados de la misma manera, por las mismas personas y pueden ser rechazados por la misma política personal.

Dilo una vez más, con sentimiento:

«Tengo una política personal que no me permite __________, porque siento que, si_____________una vez, después me sentiré obligada a______________a todas.

Simplemente no puedo pagarlo y, si tuviera que elegir, no me gustaría que ninguna de las personas que quiero piense que la valoro más o menos que a cualquiera otra».

Ahora, imagina que estás al otro lado de esa respuesta. Puede que te pongas un poco de mala leche durante un segundo, pero en realidad puedes… ¿discutir? No, no puedes. Por lo menos, no sin ser una imbécil. (¿Ves lo que he hecho?) Y, ciertamente, no deberías tomártelo como algo *personal.* Es solo mi política, que es algo así como mi opinión, pero aún más difícil de rebatir porque, como seres humanos, estamos condicionados a someternos a cosas como «reglas» y «políticas».

Te dije que era una experta en todo esto.

COSAS CONTRA LAS QUE PODRÍAS TENER UNA POLÍTICA PERSONAL

Segundas despedidas de soltero/soltera
Simplemente, fuera de lugar.

Proporcionar asesoría profesional gratuita
Lo siento, pero ¿crees que me he matado durante ocho años en el posgrado y me he endeudado por ocho generaciones para acabar trabajando gratis?

Quedar para desayunar
¿Gente sobria y niños pequeños? Paso.

Conducir más de cuatro horas de ida y vuelta en el mismo día
«Problemas de espalda.»

Karaoke
Es casi grosera cuántas veces y de cuántas formas distintas una política personal contra el karaoke te salvará el trasero.

Fiestas «de etiqueta»
En serio, ¿qué diablos le pasa a la gente?

Documentales
Este es el tipo más común de vídeos que harán tus amigos, créeme.

Recitales de poesía
Si desde un principio no confirmas tu asistencia, no tendrás que angustiarte por una cancelación de última hora, ¿entiendes?

Declinar una invitación significa «no»

Veamos un ejemplo de política personal en acción:

Digamos que un amigo cercano me invita a acompañarlo a la inauguración de una exposición con sesión de preguntas y respuestas del artista. Yo mando muy a la mierda las inauguraciones de exposiciones, y lo digo en serio (la sola idea de ir a una me despierta el deseo de cortarme las muñecas con un palillo después de haberlo sacado de una tarrina de queso rancio), pero él es muy sensible y artístico y no quiero arriesgarme a herir sus sentimientos, así que le digo que tengo una política personal contra las inauguraciones de exposiciones.

Y tal vez bajo la mirada durante un instante y me estremezco visiblemente, solo para enfatizar lo dicho. Lo único que él sabrá es que de la última inauguración a la que asistí salí con una infección venérea. Nadie quiere discutir más ese tema.

Según mi experiencia, la gente afloja la presión una vez que se le cuenta la política personal (sobre todo, cuando se hace con cierto encanto). Si dijera: «Ah, en realidad no me gustan las inauguraciones de exposiciones», entonces esa solo sería mi opinión, y, aunque es válida y podría defenderla con confianza, es más fácil de debatir que una política. Y, probablemente, tendría que profundizar un poco en ello, lo que consumiría tiempo y energía valiosos:

«¿No te gustan las inauguraciones de exposiciones? ¿Por qué?»

«Bueno, creo que son un poco aburridas y me duelen los pies de estar tanto tiempo parada.»

«¡Pero consigues comulgar con el trabajo bajo las luces de halógeno!»

Además, siempre están los sentimientos de tu amigo.

«Sí, pero el aire siempre se pone muy cargado en esos lugares. Creo que las personas con inclinaciones artísticas no usan desodorante.»
«Mmm, ¿qué estás insinuando: que yo *huelo* mal? Dios, qué pesada eres. Podrías haber dicho simplemente que no.»
«Eso he hecho. Pero entonces has empezado a discutir conmigo. Te das cuenta de que seguimos hablando de esto, ¿no?»

Las políticas personales definitivamente son el camino que se debe seguir en este escenario. Son misteriosas, hacen que la gente se sienta un poco incómoda y zanjan las discusiones de verdad. Como Kanye.

Y lo mejor de desarrollar una política personal es que es tuya, por lo que puedes modificarla o suspenderla cuando quieras, ¡y nadie discutirá contigo por miedo a herir tus sentimientos! Esto es una verdadera brujería *ninja*, nada menos. El señor Miyagi estaría orgulloso.

El diminuto elefante en la habitación

Hemos hecho un muy buen trabajo hasta ahora, ¿no? Hemos visualizado con rigor, hemos aprendido la diferencia entre sentimientos y opiniones, hemos practicado el arte de mandar a la mierda lo que piensen los demás, hemos hecho recuento de nuestros listados de mierdas y hemos averiguado la verdad sobre las políticas personales (*personalmente*, mi favorito). Casi puedo sentir la magia transformadora burbujeando dentro de ti.

Y esto, por supuesto, significa que es hora de tirarte a la piscina.

Mandar a la mierda no es necesariamente fácil. Sencillo, sí. Fácil, no siempre. Y esa es precisamente la razón por la que estamos construyendo una base sólida de listas, escenarios prácticos y conceptos relacionados, con el fin de apuntalar tus defensas para las cosas difíciles de verdad.

Como los niños.

Tema que parece tener un suministro interminable de amigos, conocidos y desconocidos.

(No estoy hablando de tus sobrinos, primos, hijos y nietos; todos ellos pertenecen a la categoría 4: «Familia». Esa es harina de otro costal. En este momento nos vamos a centrar en las cosas que puedes mandar a la mierda con respecto a los niños que no están relacionados contigo.)

Si no eres padre o madre, para los demás será decepcionante que te importen una mierda las cosas relacionadas con los niños. Los sentimientos de las personas sobre sus hijos son tan enfáticos y viscerales (y, en ocasiones, irracionales) que puede ser difícil predecir con precisión si en tu búsqueda por mandar a la mierda las fiestas de cumpleaños de los pequeñines vas a herir los sentimientos de alguien o si esa persona aceptará tu diferencia de opinión y te dejará en paz.

Nada de esto cambia el hecho de que levantarse a las nueve un domingo para ver cómo un niño de un año se pringa la cara con tarta es algo que decididamente te importa una mierda, pero es posible que todavía estés nerviosa (y es entendible) sobre si debes avanzar al paso 2: mandar a la mierda.

Para eso estoy aquí.

Como ya habrás deducido, soy, digámoslo así, inmune a los encantos de los niños. Pero una larga experiencia me ha enseñado que **hasta a los padres les importan una mierda los niños que no sean los suyos** (sé todo esto porque esos mismos padres, después de algunos vinos, a menudo confían sus vergonzosos secretitos a su amiga sin hijos).

Como dijo alguna vez una madre: «En realidad, se trata de una canalización de recursos. Todos mis recursos se han canalizado hacia *mi* hijo. Nada me queda para lo que tú haces, ni para cómo lo haces».

Entonces, solo para estar absolutamente segura de que este libro contiene los niveles apropiados de magia transformadora para *todos*, **hice un sondeo entre padres a lo largo de todo el país con el fin de averiguar con exactitud qué es lo que a ellos les importa una mierda y por qué.**

Todo esto fue muy esclarecedor y lo compartiré con vosotros a su debido tiempo.

Pero también debo reconocer que, a pesar de lo catártico que fue (y, claramente, lo fue) el hecho de que estos padres me hablaran de todas las cosas que les importan una mierda con respecto al pis y los chupetes, hubo muchos que añadieron la advertencia de que tener hijos *es* gratificante y vale la pena entregar a ello sus recursos.

Y esa es la clave: **entregar tus recursos a las cosas que te hacen feliz** (como leer, cocinar o jugar con tu versión mini) **y mandar a la mierda el resto.**

Una madre respondió desde la perspectiva de enseñar a sus propios hijos a qué se le debe dar importancia y a qué no: «Como alguien que creció en un hogar lleno de remordimientos, creo que es importante que nuestros hijos sepan que pueden tomar decisiones sin preocuparse por la aprobación o la condescendencia de otras personas al respecto».

¡Eso es!

Y, tal vez, el comentario más práctico provino de una madre que dijo que tener un hijo en realidad puede ser útil para priorizar los recursos que se dan a *otras* áreas de la vida, como el lugar de trabajo. Que el bienestar de este nuevo ser humano a veces puede ser el catalizador para, por fin, *dejar* de malgastar tus recursos quedándote después de tu hora de salida, asumiendo responsabilidades adicionales y convirtiéndote en suplente para el equipo real (de fútbol) o metafórico de la empresa. Puede llevarte a establecer límites claros con supervisores y empleados por igual, y a ser sincera y firme sobre lo que eres capaz de manejar en un día determinado.

En otras palabras, esa preciosa criaturita podría ser tu primer paso para adoptar el método #NoMeArrepiento, categoría 2: «Trabajo». ¡Bum!

Sin más preámbulos, me complace presentar lo siguiente.

Cosas que incluso a los padres les importan una mierda

Cómo nació tu bebé. ¿Parto vaginal natural y sin anestesia? Qué valiente. ¿Cesárea? No tanto. ¿Parto en el agua? Lo que tú digas. ¿Otra mujer realizada? ¿No es genial la ciencia? No importa cuál sea la procedencia de tu pequeño diablillo; a la mayoría de la gente le importa una mierda, por lo que ya puedes abandonar esa necesidad de defender tu epidural ante los demás.

Que elijas amamantar o no. Aunque las secciones de comentarios de algunos muros de Facebook podrían sugerir lo contrario, resulta que la mayoría de las mamás solo se preocupan por los hábitos de lactancia de sus propios hijos y les importa una mierda si tu querido recién nacido se ha «agarrado» con éxito, cuán agrietados puedan estar tus pezones o si el sistema inmunológico del bebé sufrirá por haber sido criado con leche de fórmula. Tú haz lo tuyo, mami.

Método Estivill. No necesitas justificarlo ni condenarlo ante nadie. A nadie le importa cómo se duerma tu hijo. ¡Solo hazlo!

Compartir. La mayoría de los padres quieren que sus hijos se conviertan en adultos que entiendan el concepto de compartir y sepan cuándo hacerlo, de la misma manera en que quieren que no se conviertan en asesinos. Pero tal vez todo el mundo se obsesiona demasiado con esto de compartir cuando se trata de tal o cual juguete, libro o sombrero. Como dijo una madre: «Sería maravilloso que mi hijo quisiera compartir su cochecito [con tu hijo], pero yo no te pido que me des un sorbo de tu matcha de cuatro euros, ¿verdad? Puedes mirarme todo lo que quieras mientras tu hijo llora por el juguete de otra persona... Yo me estoy tomando diez minutos para revisar mi teléfono en paz mientras mi hijo está felizmente ocupado con el juguete que *yo* le compré».

«Lo que dicen los expertos.» Los padres saben lo que dicen los expertos: todos leen los mismos libros, artículos y estudios tremendamente contradictorios cuando se trata de decidir si Pablete podrá usar el iPad durante diez minutos al día antes de su quinto cumpleaños. Y puede que les importe lo que digan los expertos (o les importe una mierda), pero no necesitan volver a escucharlo de ti, una inexperta 100 % certificada.

Entrenamiento para ir al baño. A algunos padres les gusta el sentimiento de camaradería/alegría que acompaña a las conversaciones sobre el entrenamiento para ir al baño; los ayuda a sentirse menos solos. Tal vez obtengan algún que otro consejo o hasta se sientan superiores por tener un niño que se sube al trono de porcelana con facilidad. Pero, en general, hay muy pocas personas en el mundo a las que les importen los detalles de cuándo, dónde, en qué circunstancias y con qué frecuencia un niño excreta los desechos de su mitad inferior. Asco.

Siesta, programación de. A partir de mi investigación sobre este tema, creo que muchos padres recuerdan que *ellos* dormían en cualquier lugar y en todas partes cuando eran niños. Sin embargo, los textos modernos sobre la crianza de los niños les hacen creer que las siestas deben tener lugar en un horario tan estricto como el régimen de entrenamiento de Béla Károlyi si quieren tener alguna esperanza de que ALGUIEN VUELVA A DORMIR ALGÚN DÍA. Se trata de una preocupación perfectamente comprensible: existe una razón por la que la privación de sueño es una forma de tortura. Pero, pienso, ¿a lo mejor no tenemos que hablar tanto de eso? Una mamá me dijo que, cada vez que sus amigas comienzan a detallar los horarios de siesta del pequeño Jaime y la pequeña Zoé, ella preferiría estar hablando de libros o política o su último sueño erótico o los brazos de Matthew McConaughey (que podrían haber hecho aparición en dicho sueño). «Bueno, bueno, bueno.»

Si alguien piensa que «debería seguir intentándolo» [hasta que tenga un hijo de sexo diferente a los tres que ya tengo]. Mucha gente lo pregunta. A ver. O sea, básicamente, es cara o cruz, ¿no? Entonces..., ¿tú te vas a hacer cargo de los bebés que no salgan del sexo que espero hasta que, por fin, me toque la lotería? No lo creo.

Padres ultracompetitivos. A nadie más que a ti le importan los INCREÍBLES programas que ofrece la escuela de tu hijo (¡robótica!, ¡mandarín!, ¡trapecio!), ni cuántas horas de deberes asignan los maestros, ni las complejidades de tu horario de autobús. A los que no son padres, particularmente, les importan todavía menos; pero otros padres solo quieren saber estas cosas si están considerando enviar a sus propios hijos a esa escuela o compartir el coche contigo.

* * *

¡Ah, los padres! Quién lo diría, me siento mucho mejor por todo lo que siempre me ha importado una mierda con respecto a esto, y espero que tú también.

Por último, para completar la categoría 3, tengo un consejo probado y verdadero que podría contradecir todo lo que has leído hasta ahora, pero, como aprendimos cuando Nick Nolte fue nombrado el hombre vivo más sexi en la revista *People*, no hay congruencia en este mundo…

A VECES ESTÁ BIEN HERIR LOS SENTIMIENTOS DE LAS PERSONAS

¡Ay, no te hagas la sorprendida! Es verdad que hasta ahora «los sentimientos de otras personas» nos han servido como barómetro para decidir si mandar algo a la mierda y, lo que es más importante, los hemos tomado en cuenta al ejecutar el paso 2 del método #NoMeArrepiento: mandar a la mierda. Sinceridad, amabilidad, no ser una imbécil… Todo eso. Ya conoces el protocolo.

Pero, cuando se trata de desconocidos dentro de la categoría 3 (e incluso conocidos del mismo círculo social), debo advertirte: a veces simplemente no es viable que te preocupe herir los sentimientos de alguien más si quieres mejorar tu vida.

Mandar a la mierda (y reservar tus recursos para lo que es de verdad importante para ti) es un proceso evolutivo. Significa priorizar tus mierdas en función de lo que se va presentando. Y habrá días en los que herir los sentimientos de un desconocido se encuentre muy abajo en la jerarquía.

Muy abajo.

No estoy diciendo que debas comenzar a tuitear insultos a desconocidos solo por jo… y para reírte en voz baja. Ni salir a la calle y exhortar a los transeúntes al azar a «comer una bolsa de pipas». Eso no es magia transformadora de vidas. Eso es solo mezquindad.

Pero, en algún momento, algún día, en el fondo de tu corazón, sabrás cuándo está bien herir los sentimientos de alguien si así lo indica el proceso de mandar algo a la mierda. Los economistas lo llaman «coste de oportunidad». Yo lo llamo «sentido común».

ALGUNOS ESCENARIOS EN LOS QUE ESTÁ BIEN HERIR LOS SENTIMIENTOS DE UN DESCONOCIDO EN EL PROCESO DE MANDAR ALGO A LA MIERDA

1. **Cuando la gente llama a tu puerta para intentar convertirte a su religión.** No tienes, repito, no tienes por qué sentirte mal por cerrarles la puerta

en las narices. Es cierto que se puede escribir TERCOS con las mismas letras de CORTÉS, pero eso es solo semántica.

2. **Cuando la persona delante de ti en la fila de Starbucks no puede tomar una decisión y tú tienes mucha prisa.** Por medio de la presente, te doy permiso para decir: «Entonces..., ¿está usted miope? Porque yo, feliz de recitar el menú completito para usted. No creo que me lleve más tiempo del que ya hemos estado aquí esperando a que usted tome algunas decisiones básicas para su vida».
3. **Cuando la dama o el caballero comediante son la absoluta antítesis de lo gracioso.** Una cosa es ser educado o amable, y otra, soportar veinte minutos de bromas rancias con cerveza rancia. Él o ella eligió este camino profesional, más le vale que tenga sentimientos de hierro. A la mierda: sal de ahí y no mires atrás.
4. **Cuando otras mujeres manchan de orina el asiento del inodoro.** Estos monstruos merecen ser avergonzados públicamente. Mi listado de mierdas no considera el tiempo que dedico a limpiar *tu* orina con toda cautela antes de poder sentarme en un baño público, y soy demasiado bajita para hacerlo en cuclillas con eficacia. Te seguiré hasta ese bar/estadio/sala de conferencias/salón de fiestas y mantendré contigo una conversación muy seria. Sí, lo haré.
5. **Cuando alguien inclina su asiento de avión hacia atrás justo sobre tus rodillas.** Me importa

> una mierda tu espacio personal si a ti te importa una mierda el mío, colega. Puede que no hiera tus sentimientos, pero te patearé la espalda todo el tiempo que sea necesario.

Así que ahí lo tienes: un montón de herramientas para decidir si mandas a la mierda los diversos escenarios que involucran a amigos, conocidos o desconocidos en tu futuro. ¡Es hora de lanzarse, hurgar en tu desván mental y hacer tu lista!

AMIGOS, CONOCIDOS, DESCONOCIDOS Y ASUNTOS RELACIONADOS QUE PUEDEN IMPORTARME O NO

Entonces..., ¿todavía me queda algún amigo?

Hasta aquí hemos insistido en lo negativo para ayudarte a llegar al corazón de lo que, sinceramente, te importa una mierda. Pero **el propósito de hacer estas listas** y tachar las cosas que amenazan con sobrecargar tu listado de mierdas **es revelar las que sí son dignas.** Y también crear más tiempo y espacio emocional para preservar y perseguir esas relaciones y todas las cosas que conllevan. Esa es la magia transformadora de vidas, en pocas palabras.

En la cuarta parte se sintetizará todo esto; pero, antes de llegar ahí, tenemos un poco más de trabajo por hacer.

Sí, es hora de dinamitar las puertas del desván rumbo a la madre de todas las mierdas.

FAMILIA

¡Chin! La familia.

Ellos.

¿Por dónde empezar? Igual que los impuestos, tu familia existe para fastidiarte. La familia (y todas sus fotos grupales, bodas, bautizos, cumpleaños, vacaciones con todo incluido, sesiones de terapia grupal, tíos de derecha, pleitos por los terrenos del abuelo, dramas y rencores) promueve el dispendio de recursos todo el tiempo, todos los días.

Así como cierto porcentaje (algunos podrían decir, desmesuradamente grande) de tus ingresos se destina de forma automática al pago de impuestos, **cierto porcentaje de tus recursos va directamente a la familia.** Y, por si fuera poco, las consecuencias de esa entrega (o no) de recursos parecen de alguna manera más pesadas que las derivadas de «Cosas», «Trabajo» y «Amigos, conocidos y desconocidos» juntos. Es como si tuviéramos miedo de ser auditadas por nuestros primos.

«¿Por qué es así?», preguntas. Tengo una palabra para ti: **culpa. Una vez que te sientes culpable, ya has fracasado en mandar a la mierda.** Fin del juego. Se acabó. Porque sentirte culpable significa que no has sido capaz de utilizar de forma eficaz las herramientas y la perspectiva que te he enseñado no solo para mandar a la mierda, *sino para sentirte feliz mientras lo haces.* La culpa no es un sentimiento feliz. Es más como esa sensación de cuando tienes un repentino y agonizante picor en la ingle, pero estás rodeado de gente y no te puedes rascar, por más que *mueras* por un poco de alivio. Así es cómo se siente la culpa. **Mandar a la mierda debería llevar siempre a un mayor placer, satisfacción y felicidad. No a un picor en la ingle.**

Esto hace que resulte todavía más importante estudiar el método #NoMeArrepiento y usar todas las herramientas a tu disposición para desconectar la máquina de la culpa familiar antes de que te succione y te escupa como el asesino nórdico de *Fargo* y la trituradora de madera.

Mantente alejada de un resultado como ese en la medida de lo posible.

Recordarás que ya he hablado un poco sobre el sentido de la responsabilidad y cómo se relaciona con la familia. Es una verdad universalmente reconocida que los miembros de la familia piensan que a los otros miembros les **tienen que importar sus vidas solo porque comparten ADN.**

Piensa en eso por un segundo. ¿Tiene algún sentido? No, ninguno.

Uno de los principios centrales al entregar tus recursos es la elección por encima de la obligación. Deseas poder *elegir* cómo gastar tu tiempo, energía y dinero para maximizar el disfrute de cualquier relación, tarea, producto o evento determinados. **Cosas que puedes controlar frente a cosas que no puedes controlar.**

Y, como todos sabemos, no puedes elegir a tu familia. Así que, como mínimo, deberías poder elegir *cómo y por qué interactuar con ella.* ¿Cierto?

¿¡¿Cierto?!?

Suspiro.

Bueno, al menos, intentémoslo.

Cuando un cigarro no es solo un cigarro y una taza de té no es solo una taza de té

Supongamos que tu madre, bendito sea su corazoncito nostálgico y controlador, está intentando donarte en vida la vajilla finísima de París de su madre (tu abuela) y tú no la quieres. Sientes que esto te afecta solo a ti, porque serías tú la que tendría que guardarla y fingir que te gusta y usarla cuando tus padres vayan de visita a tu casa, pero sabes que en realidad también le afecta a ella, porque ella se ve literalmente afectada por todo lo que haces. (Saliste de su *vagina.*) Así es que, si te niegas a aceptar este «regalo» de la mujer que te expulsó a través de su tierno y joven cuello uterino, es casi seguro que herirás sus sentimientos. **Entonces... es momento de dejar caer «opiniones frente a sentimientos»** sobre ella, ¿verdad?

Ah, pero a pesar de que en realidad tu madre solo está *opinando* que tú deberías hacerte cargo de la vajilla de la familia, ella no puede separar esa opinión de sus *sentimientos* hacia su madre/tu abuela, quien ni siquiera sabrá que tienes las tazas de té en tu poder. Porque está muerta. (Mis condolencias.)

Y entonces dejas que distintos escenarios corran en tu cabeza y determinas que no tienes esperanza alguna, porque, incluso siendo sincera y ultraeducada, es probable que los sentimientos de tu madre resulten heridos sin importar lo que digas. Llegas a la conclusión de que deberías aguantarte y hacer como que sí te importan esas tazas de té.

Esta frustración es común cuando se trata de familiares. Solo quieres levantar las manos y rendirte ante ello por OBLIGACIÓN y CULPA.

Estoy aquí para decirte que hay alternativas.

Por supuesto, no me comprometo a liberarte de *todas* tus inclinaciones culpables hacia tu familia (para eso están las benzodiacepinas de prescripción médica), pero esta sección del libro te ayudará a determinar qué aspectos de tu vida familiar en verdad merecen tus recursos y no son negociables. Sí, en ocasiones, tan solo tendrás que aguantar y fastidiarte cuando se trata de la familia, pero puedo mostrarte cómo replantear tus mierdas para sacar el máximo provecho de una situación menos que ideal. Recuerda: eres parte de tu familia y también mereces ser feliz.

Lo que dice la encuesta...

Resulta que muchos compartimos algunas opiniones sobre las cosas que nos importan una mierda con respecto a nuestras familias. Lo sé porque llevé a cabo una encuesta anónima pidiéndole a la gente que nombrara algo sobre su familia que ocupara un lugar destacado en su lista de «Me importa una mierda» y me impresionó la gran cantidad de respuestas repetidas que recibí. (Te advertí que la familia era un campo minado.)

La pregunta de mi encuesta fue: «Nombra algo de tu familia que te importe una mierda». Sigue leyendo para conocer los seis resultados principales, de menor a mayor popularidad.

6) **Que usen nuestro supuesto linaje para chantajear**
Hace aproximadamente cinco minutos declaré que no tiene sentido alguno sacrificarte por algo o alguien *solo por tu vínculo genético con esa persona o cosa.* Exceptuando a tu propia descendencia, con la que tienes cierto tipo de compromiso dado que fuiste tú quien la trajo a este mundo (al menos, hasta que tenga la edad suficiente

para valerse por sí misma), simplemente no estás obligada a entregarle tus recursos a nadie. Podrías *creer* que sí lo estás. Pero no es así. Y muchos parecen haberlo entendido, así que tal vez haya esperanza para ti después de todo.

5) **Sentirme obligada a querer a los miembros de mi familia y a que me gusten**

Cada uno de nosotros es un hermoso copo de nieve. No hay dos exactamente iguales. ¡Ni siquiera los gemelos idénticos! (Es verdad, investígalo.) Entonces, ¿cómo narices en nombre de Géminis se puede esperar que nos queramos siempre y que pasemos la vida juntos? Los miembros de la familia que obligan a que hermanos, primos o nietos estén siempre juntos se están fastidiando por todas las cosas equivocadas.

4) **Fotos grupales**

No esperaba que esto ocupara una posición tan elevada, pero, vaya, la gente sí que odia hacerse fotos grupales con la familia. El punto, me parece, es que a muy pocos les importa la foto en sí misma. La verás en Facebook mañana, harás clic en un obligado «Me gusta» y luego te olvidarás de ella. Ya no vivimos en un mundo en el que la gente pase tiempo de calidad los viernes por la noche bebiendo martinis y repasando los viejos álbumes de fotos familiares. (¿Alguien vivió alguna vez en ese mundo?) El desprecio inherente por la foto se ve agravado por (según indicaron muchos de los que respondieron) el hecho de que la foto siempre es tomada «en el último minuto» (a nadie le gusta un ataque furtivo) o porque «nos obligaron a vestirnos a todos iguales» (nadie quiere pertenecer a una dinastía famosa por usar jerséis horrendos, ¿o sí?; bueno, cada cual...). Una vez más, este es un juego de cálculo: si una buena parte de los miembros de la familia no quiere posar para la foto grupal, TODOS necesitáis manteneros firmes y decidir mandar la foto a la mierda. ¡La mayoría manda!

3) **Historia antigua**

«¡¡¡Rivalidades entre hermanos, rencores, discusiones mezquinas y DRAMA!!!» Las más frecuentes de la encuesta, más populares que la cerveza en una reunión familiar. Está bastante claro que a todos les importa una mierda quién dijo qué, de quién fue la culpa o quién de nosotros le gusta más a mamá. (¡Hola, hermanito! Gracias por leer mi libro.)

2) **Vacaciones obsoletas y otras tradiciones familiares**

A medida que las familias crecen y los parientes mueren, también deberían hacerlo algunas tradiciones. Y, sin embargo, muchos de nosotros parecemos atrapados como en *El día de la marmota* cuando se trata de eventos anuales y rituales festivos obsoletos, vacaciones y otras reuniones familiares. Las fiestas religiosas como la Navidad y el Día de Reyes equivalen al doble del dogma, el doble de mierdas. ¿Esa cabaña rústica que tu padre alquila para Semana Santa desde 1986? Treinta años después está tan deteriorada que sería buena idea que, antes de ir, te vacunaras contra el tétanos. Así como la genética no obliga a que alguien te importe, el hecho de que tu familia siempre te haya dicho que así son las cosas no significa que debas obedecer hasta el fin de los tiempos. Una respetuosa diferencia de opinión expresada con un poco de sinceridad y educación podría hacer maravillas aquí. O, si todo lo demás falla, una política personal contra las cabañas rústicas.

Por último… (redoble de tambores, por favor): la respuesta número 1 a «Nombra algo de tu familia que te importe una mierda».

Bueno, hubo un empate.

1) **Diferencias religiosas y diferencias políticas**

   Que estos dos atolladeros ideológicos fueran planteados una y otra y otra vez por los participantes de la encuesta significa que cada uno de ellos merece un buen desglose al más puro estilo #NoMeArrepiento.

   Empecemos por la religión. Será como un exorcismo. Una limpieza para expulsar al demonio de las mierdas, por así decirlo.

¿Soy yo acaso la guardiana de mi hermano?

Este es un caso clásico de volver a nuestras raíces y repasar el primer elemento del método #NoMeArrepiento: decidir mandar a la mierda lo que piensen los demás. Tus puntos de vista religiosos te afectan a ti y solo a ti; lo mismo para tu tía Jacinta y todos los *gloria, gloria, aleluya* de su secta brasileña. Ella tiene sus opiniones, tú tienes las tuyas. Si eres sincera y educada con su diferencia de opinión y solicitas que la religión ya no sea un tema de discusión en la familia, no estás siendo una imbécil. Estás siendo razonable; y, si alguien se siente herido, no es culpa tuya.

Permíteme darle a esto el tratamiento de Robin Williams en *El indomable Will Hunting*:

No es culpa tuya.

No es culpa tuya.

NO ES CULPA TUYA.

Así que, la próxima vez que la tía Jacinta haga una referencia no tan sutil a tu vida en pecado con tu pareja, simplemente límpiate los berretes de la barbilla y responde: «Respeto su opinión, tía, pero preferiría no tener una conversación sobre nuestras diferencias religiosas en este momento, mientras disfrutamos el desayuno de fiesta del sexagésimo aniversario de boda de los abuelos».

¿Eso te ha parecido sincero y educado? Tú no eres la imbécil aquí. Solo inténtalo. Quizá te sorprenda lo bien que funciona. O, al menos, lo totalmente desprevenida que la pillas y, por tanto, cómo es incapaz de responder con nada más que una risita nerviosa y el alzado de una ceja demasiado depilada.

El poder de la sinceridad no se puede sobrevalorar. No puedo decirte cuántos recursos extra terminas dando cuando intentas andar por las ramas. Dios, incluso la expresión suena agotadora.

Supongo que ni siquiera habías *intentado* este método antes porque te encontrabas atrapada en la **espiral de obligación/vergüenza/culpa** y te sentías paralizada. Débil. Dispuesta a pasar veinte preciosos minutos siendo fustigada pasivoagresivamente por tus creencias religiosas (o la falta de ellas) con tal de evitar lo que percibes como una confrontación todavía más difícil.

¿No te sentaría bien tan solo decir lo que quieres decir y, además, decirlo en serio? ¿Tan solo… comportarte con los demás como te gustaría que se comportaran contigo? Digo yo. Eso dice la Biblia.

¡VOTO EN CONTRA DE LAS MIERDAS!

Aquí voy a ofrecer una historia personal para ilustrar cuánto creo en el método #NoMeArrepiento y cómo me ha funcionado. He cambiado los nombres para proteger la identidad de ciertos miembros de la familia, pero las circunstancias son 100 % reales, lo juro. Los involucrados podrán leer este libro algún día y reconocerse a sí mismos, pero no necesitarán sentirse avergonzados. El método trata de vivir mejor tu vida, y ellos no quieren enfrentamientos políticos conmigo ni yo con ellos.

A diferencia de una contienda electoral, ¡aquí todos ganan!

Una noche, mi marido y yo estábamos disfrutando de una encantadora cena con dos miembros de la familia cuando el tema del entonces presidente de nuestra nación Barack Obama (y la veracidad e integridad de su certificado de nacimiento) apareció flotando sobre un plato de delicioso marisco. Se formularon acusaciones, se expresaron opiniones y, antes de que pudiera convertirse en un debate de larga duración, miré a cada miembro de la familia directamente a los ojos y dije: «Julio, Marta, os quiero mucho, pero no vamos a tener esta conversación». Luego me volví hacia mi marido, quien, aunque comparte mis puntos de vista políticos, siempre quiere hablar sobre ellos mucho más de lo que yo considero necesario, y le dije: «Lo digo en serio».

No hubo ni pizca de sentimientos heridos. Cambiamos de tema, nos reímos un poco, lamimos lo que quedaba de salsa tártara en nuestros dedos y nos perdimos en la noche.

ASÍ es como debe ser una cena familiar. Y puede serlo si manejas tu listado de mierdas como corresponde.

Pero ¿¿¿y si todo termina en lágrimas???

Lo que he tratado de transmitir al inculcarte mi método y enfatizar la importancia de ser sincera *y* amable es que, cuando #NoMeArrepiento se practica de buena fe, es estadísticamente improbable que termine en llanto. Siempre existe la posibilidad de que las cosas salgan mal, por supuesto, pero hay muchas más posibilidades de que entres en una fase nueva de disminución del conflicto y respeto mutuo entre los miembros de tu familia.

Y, si tu familia está llena de llorones histéricos, ¿de verdad quieres que sigan invitándote?

Negarse a jugar el juego de la vergüenza

La vergüenza es solitaria y aislante, y el sentimiento de culpabilidad es su resultado directo. Pongo sobre la mesa los resultados de mi investigación para demostrar que **no estás sola**. Seleccioné aleatoriamente personas desconocidas de todo el mundo para responder a mi encuesta y se demostró que comparten la falta de interés por todos los asuntos familiares candentes.

Esto significa que es bastante probable que varios miembros de tu propia familia detesten tanto como tú que el tío Julito le ponga astas de reno a su coche y que la prima Renée siempre obligue al cumpleañero a darle un mordisco al pastel.

Y, si no estás sola, entonces no necesitas sentirte tan avergonzada por tu decisión de que esto te importe una

mierda. Los números no mienten. Sácale provecho al poder del consenso, te sentirás mejor equipada para decidir cuándo quieres mandar algo a la mierda realmente y proceder con confianza.

DÍAS FESTIVOS: UNA POLÍTICA PERSONAL

Mi marido y yo tenemos una política con respecto al día de Navidad y nos ha funcionado muy bien. Por favor, no dudes en robarla o modificarla para tu propio beneficio.

Tenemos tres grupos de familias que visitar, una cada año. Y, como no somos la chica de *Orphan Black*,[2] no podemos estar en tres lugares a la vez. Y NO QUEREMOS TENER FAVORITOS. Entonces, hace ocho o nueve años, dijimos a nuestras familias que estábamos comenzando una rotación de tres años y que, de ahí en adelante, pasaríamos los días festivos con cada grupo en un orden prescrito, sin excepciones. Nadie puede repetir porque *este año* la tía María celebra un fiestón de cumpleaños ni porque los primos encontraron descuento en un crucero para ocho personas (y nos necesitan para completar el número), ni porque alguien tiene nueva novia y necesitamos conocerla. (Si sigue por aquí cuando te toque, ya la conoceremos.) Yo hasta falté a mi decimoquinta reunión del bachillerato porque era el

(2) Serie canadiense en la que la actriz Tatiana Maslany protagoniza varios personajes a la vez. (*N. de la T.*)

año en que la Navidad les correspondía a mis suegros (no es que me importara particularmente esa reunión, pero eso es otro tema). ¿Estricto? Sí. Pero **ningún sentimiento resulta herido y eso es algo por lo que realmente debemos dar gracias.**

Cinco cosas más que a la gente le importa una mierda cuando se trata de la familia

1. «Mantenerme al día con los mensajes de texto grupales.»
2. «Historias que me contaron mis padres sobre personas con las que crecí y que ahora solo veo en Facebook.»
3. «Ocultarles mi leve y perfectamente controlado alcoholismo cuando ellos mismos son la razón por la que bebo.»
4. «Crítica tras crítica tras crítica tras crítica.»
5. «Los perros de mis padres, a quienes ellos se refieren (¿por qué no?) como sus "perrinietos".»

Bueno, bueno, bueno. ¡La meta está a la vista!

Ya casi llegamos al final de nuestras «Cuatro categorías de aquello por lo que suelo agobiarme». Si he hecho bien mi trabajo, ya estarás disfrutando los frutos de un poco de magia transformadora. Como mínimo, habrás descubierto herramientas y estrategias nuevas para obtener lo que quieres de la vida y te sentirás reforzada al saber que hay otras personas como tú que quieren (o no) estas mismas cosas.

Pero, antes de cerrar el apartado sobre la «Familia», hay una subcategoría más que debemos abordar. Engaña. Presiona. Exige atención. Sabes de qué (de quiénes) estoy hablando.

Familia política

¿Recuerdas lo que te dije sobre la elección? Bueno, pues, a menos que hayas nacido en una sociedad en la que todavía se estile el matrimonio acordado, tú puedes elegir a tu cónyuge, pero *no* a tu familia política. Porque, si eso fuera el matrimonio, nunca pasaríamos de los simples ligues.

Sí. Al casarte, esencialmente duplicaste de golpe tu donación de recursos. Es como cuando recibes una bonificación en el trabajo y dices: «¡Increíble!», y luego el impuesto entra a gravarlo al 50 % y tú te quedas preguntándote: «¿Qué pasa aquí?».

Tu familia política viene en un paquete; lo único que a ti te interesaba del lote era tu cónyuge, pero el concesionario incluyó algunas personas adicionales gratis. Algunas de ellas podrían terminar siendo bonitos beneficios, como esos asientos con portavasos integrados; otros…, tal vez no tanto.

Pero, al igual que con tu propia familia, en la que no elegiste nacer, es perfectamente aceptable que repartas tus recursos entre tu familia política de acuerdo con lo que minimiza tu molestia (y maximiza tu alegría), si tratas a todos de una manera respetuosa.

Ciertamente, ayuda si tú y tu cónyuge sois capaces de estar en el mismo barco con respecto a cómo gastar sus recursos colectivos y si lográis llegar al acuerdo de **«divide y vencerás».**

Por ejemplo, si un miembro de tu familia se va a casar, va a tener un bebé, va a cumplir años o está celebrando algún acontecimiento que tradicionalmente requiera regalos, el tiempo y la energía dedicados a adquirir dicho regalo podrían recaer sobre tus hombros. Pero si el regalo está destinado a alguien con el apellido de tu cónyuge, él o ella deberá encargarse de eso. (¿Puedo sugerir que simplemente les regaléis a todos una copia de este libro?)

No hay forma de evitarlo: cuando heredes un grupo de nuevos miembros de la familia, se sumarán muchos rótulos diarios (o semestrales) a tu listado de mierdas. Pero, si lo piensas bien, **ellos también te han heredado.** A ti y a *tus* valores religiosos, *tus* opiniones políticas, *tus* tradiciones navideñas y *tu* aversión a vestirte con jerséis de cuello alto combinados para las fotos familiares.

Cuando se trata de mandar a la mierda, ¡es posible que tengáis más cosas en común de lo que crees!

Por tanto, al practicar el método #NoMeArrepiento en lo que respecta a tu familia política, puedes desatar una reacción en cadena que culmine en un aumento de la felicidad y la armonía (y una disminución de recursos asignados) para todos los involucrados.

LA RECTA FINAL

Esta es la última vez que tendrás que bucear en tu desván mental, las mierdas familiares que has estado almacenando ahí podrían estar enterradas a tres metros de profundidad bajo capas y capas de telarañas y resentimientos. Te compadezco. Al igual que las decoraciones navideñas, las mierdas de la familia ocupan un espacio valioso, incluso a mediados de junio; pero, una vez que las desempolvas y las sacas a la luz, la mayor parte de tu trabajo está hecho.

¡Así que escribe esa última lista y haz que valga la pena!

COSAS DE LA FAMILIA QUE PUEDEN IMPORTARME O NO (incluyendo a la familia política)

CONSOLIDAR TUS LISTAS

¡Y ahí está! A estas alturas ya tienes las herramientas para decidir si algo te importa o no y ya has clasificado todas tus posibles mierdas en categorías manejables. Ya has bailado un vals en tu desván mental y has iluminado con tu linterna metafórica sus rincones más oscuros para que la luz alcance todas esas mierdas que has estado acumulando desde... bueno, desde antes de leer este libro.

El paso 1 del método #NoMeArrepiento (decidir qué es lo que te importa una mierda y, por tanto, puedes mandar a la mierda) está a tu alcance.

Ya debes tener cuatro listas exhaustivas de cosas que pueden importarte o no en cada una de tus cuatro categorías. (Y los dedos ligeramente entumecidos.) La buena noticia es que ahora podemos pasar a la parte divertida: ¡tachar cosas!

Conforme avances, recuerda que «dar tus recursos» equivale a gastar tu tiempo, energía o dinero en cualquier cosa que esté en tus listas. Si tachas algo y LO MANDAS A LA MIERDA, deberás GANAR más tiempo, energía o dinero para gastar en todo lo demás.

Primero, necesitas un rotulador negro gigante. Porque no hay nada más satisfactorio que tachar las cosas con un rotulador negro gigante. Algunos podrían llamarlo un «rotucabrón»...

Lo siento, no lo he podido resistir.

Luego, mientras te sientas en el suelo frío por última vez, rodeada de tus listas de inventario (la manifestación física de tu recorrido mental para despejar el desván), date cuenta de qué mierdas evocan esos sentimientos de alegría o molestia en tu corazón, cabeza e intestino.

¿Un agradable aleteo de mariposas en el pecho o la ingle? ¡Alegría! Deja que tu rotulador mágico pase sobre estos elementos y los haga desaparecer de la faz de la Tierra.

¿Palpitaciones, pavor, náuseas? Todos estos son criterios para tachar una preocupación… o tres.

Por último, en su libro, Marie Kondo aconseja agradecer a cada objeto (al vestido, al bolso, etc.) por su servicio antes de desecharlo. Pero yo no estoy tan segura de que los elementos de tu lista de «a la mierda» merezcan un agradecimiento. ¿Tú qué piensas? Ya han estado drenando tu tiempo, energía y dinero durante demasiado tiempo.

No, lo que quiero que hagas es esto:

A medida que tu rotulador negro se acerque a los elementos que más molestan, y cuando estés a punto de restregarles trazos decisivos a las cosas que mandarás a la mierda, pronuncia **un silencioso y ceremonial «Vete a la mierda» para todas y cada una de ellas.**

Se siente uno bien, ¿no?

¡Ya estás casi lista para dar el paso 2 y comenzar a acumular recompensas mágicas y transformadoras! Me encanta lo lejos que has llegado en tan poco tiempo. Pero, bueno, solo para asegurar que estamos en la misma sintonía en este momento, ¿qué pasa con las cosas que *no* has tachado de tus listas?

¿Seguro que no quieres darles una segunda oportunidad de irse a la mierda?

NO SUBESTIMES LA MERMA DE LAS MIERDAS POCO FRECUENTES

Puede haber algunas cosas que todavía están ahí porque pensaste: «Mmm, esto tampoco es muy frecuente. Tal vez me convenga seguir dándole mis recursos para ahorrarme problemas».

¿No te he enseñado nada?

Por si no he sido lo suficientemente clara (asumo la responsabilidad), repasaremos el concepto de la teoría de las «ventanas rotas» una vez más. **Si continúas gastando tan alegremente tus recursos en cosas que te molestan, los demás seguirán esperando esos recursos de ti.** Igualito que el papeleo inútil y las retransmisiones de *Las Kardashian*, este es un círculo vicioso.

¿Recuerdas cómo una política personal sienta un precedente positivo? Entregar tus recursos también sienta un precedente, y dificulta de forma exponencial dejar de darlos en el futuro.

Si ya te has comprometido a llevar a cabo esta labor que tanto tiempo te ha consumido y has clasificado tus mierdas en categorías y has hecho «Listados de Mierdas», entonces, ¿por qué tomas el camino más fácil y continúas gastando tus fondos en cosas que molestan y que, además, suceden como mucho una o dos veces al año?

Con esa lógica nunca alcanzarás la iluminación. Pero pasarás cada Navidad con resaca de champán y villancicos y usando un estúpido jersey en un clima de veinte grados.

ENTREGAR TUS RECURSOS

Por último, si has consultado el diagrama de flujo de la página 50, has trabajado tus pasos y has determinado que, de hecho, hay cosas en tus listas que sí te importan, entonces, adelante, ¡ocúpate de ellas! Dar tus recursos es fácil. No me necesitas para eso. (Aunque te agradezco la invitación.)

Para todo lo demás, es hora de poner en acción el paso 2 del método #NoMeArrepiento: mandar a la mierda.

III
MANDAR A LA MIERDA

Estás en la cúspide de mandar a la mierda. Desde aquí, el paisaje se ve bastante bien, ¿no?

En la segunda parte has aprendido a calificar tus mierdas en función de si te molestan o te dan alegría. Las cuantificaste en función de si se ajustaban o no a tu listado de mierdas. Y te presenté las herramientas y la perspectiva (sentimientos, opiniones, sinceridad y educación) necesarias para llevar a cabo esos cálculos.

Te has sentado en el suelo y has hecho todas esas listas y has decidido qué asuntos te importan una mierda. Quizá hasta hayas necesitado comprar un nuevo rotulador negro porque el primero se quedó sin tinta. (A veces sucede.) Te felicito, de verdad.

Pero esto está a punto de ponerse todavía mejor.

Porque en la tercera parte... realmente MANDARÁS A LA MIERDA.

¿Emocionada? ¡Sí!

¿Nerviosa? No te preocupes, yo también me sentía así.

Comencemos visualizando todo lo que puedes ganar. Esto debería animarte y prepararte para mandar a la mierda como la campeona que eres.

LA SANTA TRINIDAD DE LAS MIERDAS: TIEMPO, ENERGÍA Y DINERO

Tiempo, energía y dinero son las tres cosas que ganas si comienzas a mandar a la mierda. Y es extremadamente útil **tenerlas en mente cuando te estás preparando para dar el paso 2.** Visualizar tus ganancias libera endorfinas en el cerebro. Y, en mi opinión profesional, las endorfinas son mágicas.

Así que tómate un minuto y piensa en toda la alegría que traerá el paso 2. Por ejemplo:

TIEMPO

A veces lo único que deseas es una hora libre para darte un baño y cortarte las uñas de los pies. Si mandas a la mierda tu presencia en la parrillada vegana de tu vecino, recuperas esa hora.

¡Permítetelo!

Energía

A veces desearías poder levantarte e ir al gimnasio a las ocho de la mañana cuando nadie más está mirando. Si mandas a la mierda tu asistencia a la cena mal planeada de los martes a las diez en punto (¿qué locos?), puedes mantenerte sobria, descansar y estar dispuesta y de buen humor el miércoles para tu cita con la elíptica.

Dinero

A veces deseas tanto esas vacaciones en la playita que las bragas se te llenan de arena con solo pensarlo. Si mandas a la mierda la boda de tu amigo de primaria (a la que no entiendes por qué te invitó, para empezar), puedes ir directo a la página de Easyjet y reasignar los cientos de euros que habrías gastado y, además, hacerlo con la conciencia tranquila. ¡#NoMeArrepiento todo el camino a las islas Vírgenes, chaval!

Cosas que personalmente he ganado al mandar a la mierda otras cosas

- Dormir.
- Sexo.
- Vacaciones sin correos electrónicos.
- Un conocimiento semienciclopédico de los memes de gatitos de internet.
- Viernes por la noche en el sofá con mi buen amigo el Baileys.
- Confianza.
- Un buen bronceado.
- El tiempo, la energía y la libertad para terminar un maldito libro de vez en cuando.

Otra forma de visualizar tus ganancias es tomar los elementos de tu lista de «Me importa una mierda» y acomodarlos al diagrama de Venn que encontrarás a continuación. De esta manera, podrás ver con claridad dónde gastas tu tiempo, energía y dinero y qué puedes obtener a cambio de mandar a la mierda esas cosas.

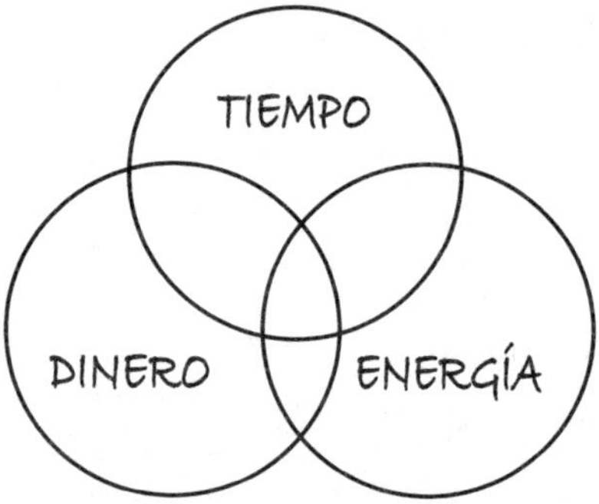

Con esto en mente, ¡revisemos tus listas!

Elige todas las cosas que, cuando mandas a la mierda, dan como resultado más *tiempo* para gastar como desees. Marca una pequeña *T* junto a cada una. Luego traza una *E* para *energía* y, por último, una *D* para *dinero.* (Puede ser difícil verlas a través de la línea de tu rotulador negro gigante, pero algo me dice que estarán bastante frescas en tu mente.)

Algunos elementos caerán en un solo segmento del diagrama; otros, en varias combinaciones de *T* + *E* o *E* + *D*, etc. Y, obviamente, el lugar donde se intersecan (*T* + *E* + *D*) es mandando a la mierda. Este lugar es también donde te liberarás de la manera más deliciosa posible.

Por desgracia, este rótulo es el más delicado en cuanto a los sentimientos y las opiniones de los demás, en estrecha comunión con tu listado de mierdas. Deberás establecer algunas políticas personales y hacer algunas llamadas difíciles, cuidando de no volverte una imbécil.

Pero nada que no puedas controlar.

Mi diagrama final con respecto a la lista de las diez cosas que a mí, personalmente, me importan una mierda (véase la página 65) se presenta así:

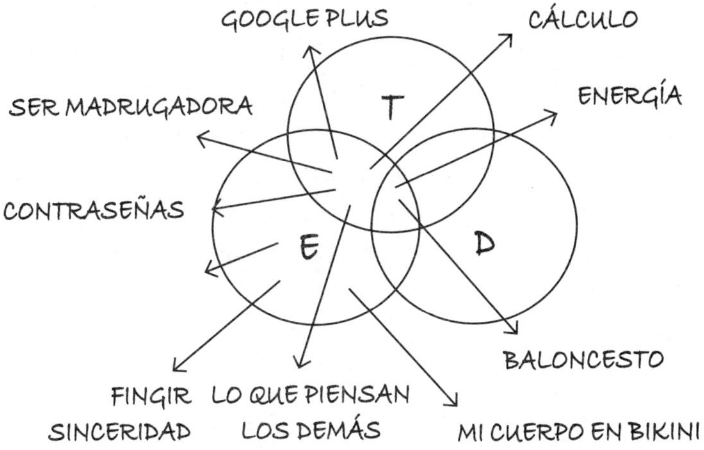

Como puedes ver, mi gráfica es estricta con el derroche de mi tiempo y energía, cosas que me preocupan mucho, y es más ligera con respecto al dinero.

Esto tiene sentido porque, en mi opinión, el tiempo es un recurso finito, la energía es algo renovable en las circunstancias adecuadas y siempre se puede ganar más dinero (y, además, existen las tarjetas de crédito).

Y para aquellas que acaban de ahogarse al ver su nómina, por favor, entended que lo que estoy diciendo es que para mí, en comparación con el tiempo (que comenzó a agotarse literalmente desde el momento en que respiré por primera vez), el dinero siempre *puede* ganarse o tomarse prestado (potencialmente) si es necesario, mientras que el «tiempo prestado» no existe. Aunque estoy segura de que, si American Express pudiera prestártelo con un módico interés del 16,9 %, lo haría.

¡Pero el placer se rompe en términos de mierdas! **En realidad, lo importante no es qué recursos son más valiosos para ti al hacer este ejercicio, tan solo que aprendas a reconocerlos.** Las licencias personales de tu diagrama dan igual. Pero observar los elementos que se encuentran dentro de las categorías más valiosas para ti te resultará muy útil a la hora de llevar a cabo el paso 2.

¡Y te ayudará a comenzar a recuperar tiempo, energía y dinero!

¡Uy!, ¡oye!, ¿has oído eso? Son tus endorfinas hablándote.

Dicen que lo estás haciendo muy bien.

DESPACITO

Mandar a la mierda puede ser tan fácil como colgarle a un vendedor telefónico, llamar para informar de que estás enferma el día de tu cumpleaños o ponerte una gorra para recibir al fontanero a las 7:00 de la mañana en lugar de levantarte dos horas antes para ducharte y secarte el pelo como si estuvieras participando en Miss España.

Pero no importa cuánta velocidad imprimas a tus listas y a poner fin a un montón de mierdas: si las cosas se ponen difíciles, **el paso 2 puede menguar un poco tu determinación y cortarte las alas.** Para evitar que te estanques en mar abierto solo con una radio de onda corta y una sonrisa, te recomiendo que te sumerjas (en sentido figurado) en el método que te ha traído hasta aquí.

Lo que quiero decir es que debes comenzar con las mierdas de tu lista que solo te afectan a ti. De esta manera, puedes dar el paso 2 cómodamente antes de tener que confrontar los sentimientos de otras personas (lo cual, como ya sabrás, puede ser *muy* estresante).

Tal vez ni siquiera necesites ser educada. De hecho, lo único que en realidad tienes que hacer es ser sincera… contigo misma.

NIVEL DE AMENAZA AMARILLO: MIERDAS FÁCILES DE DEJAR

¿Te importa una mierda el drama eterno de tu amigo de Facebook? «Dejar de seguir» es una de las formas más fáciles de mandar a la mierda que jamás se haya visto. Sin el enfrentamiento que supone «Eliminar de mis amigos» y con todas las ventajas. ¡Gracias, Mark Zuckerberg!

¿Te importan una mierda las arrugas? Deja de gastarte dinero en lociones y cremas, tiempo aplicándotelos en la cara y energía preocupándote por los signos visibles del envejecimiento, que (aviso de alerta) son imposibles de contrarrestar a menos que te llames Christie Brinkley. Joder, qué atractiva es.

¿Te importa una mierda el mercado de valores? Deja de darte cabezazos contra el *Wall Street Journal* para parecer que controlas el tema en las cenas. En vez de eso, aprovecha ese tiempo para convertirte en un experto en algo que realmente te interesa, como el *bourbon* artesanal, y deja que otra persona se encargue de los consejos bursátiles para tu grupo de amistades.

NIVEL DE AMENAZA NARANJA: MIERDAS NO TAN FÁCILES DE ABANDONAR

Aquí es cuando pasas a las mierdas que claramente son **pérdidas irracionales** de tu tiempo, energía o dinero: las cosas que, si bien pueden afectar a otras personas o requerir una conversación sobre opiniones y sentimientos, siguen sin ser tu problema en términos objetivos.

¿Te importa una mierda que tu amigo de cuarenta años tenga que mudarse de piso mañana y esté pidiendo ayudantes «a cambio de cerveza»? Puede que la sinceridad pura y dura («No puedo responsabilizarme de tus fallos como adulto») no sea el mejor método en este caso; aun así, puedes quitarte de en medio con cierta amabilidad, alegando algún vago compromiso laboral. Después de todo, ¿qué sabe él de compromisos laborales?

¿Te importa una mierda promover la sinergia en tu lugar de trabajo? Puede que al principio te preocupe que el jefe te eche la bronca por algo así, pero ten por seguro que la sinergia es muy difícil de cuantificar y que no te importe una mierda no va a cambiar eso. Reserva esta energía creativa para algo que te beneficie a ti, como pensar en el equipo de fútbol americano universitario ganador de la quiniela de la oficina de la liga.

¿Te importa una mierda la decisión de tu compañero de trabajo sobre procrear? Es tan fácil como no poner dinero en el sobre de la tarjeta regalo de Pañales. com que están repartiendo por la oficina. ¿Te preocupa que la gente piense en tu posible tacañería? **Por favor, visita otra vez la página 36.**

NIVEL DE AMENAZA ROJO: LAS MIERDAS MÁS DIFÍCILES DE ABANDONAR

Estas son las cosas que van a requerir todas tus herramientas más una buena cantidad de autocontrol y, tal vez, una política personal o dos. **Involucran a otras personas, tienen un alto potencial para herir sentimientos/ convertirte en imbécil y, a menudo, son socialmente inaceptables.** En otras palabras: aquellas para las que se inventó el método #NoMeArrepiento. ¡Es hora de mantenerse firme, sin miedo al éxito!

¿Te importan una mierda las bodas, las graduaciones y otros eventos de tu extensa familia? Estas cosas suelen planearse con bastante antelación. Así es como te pillan. Te recomiendo otro ejercicio de visualización: antes de marcar alegremente la casilla «Sí» de la tarjeta de confirmación de asistencia, lo que hará mella en tu listado de mierdas antes de que te des cuenta de las consecuencias, piensa en cómo te sentirás ese día (o, peor aún, la noche anterior), cuando estés en la cola del control de seguridad del aeropuerto de camino a la boda temática de *La guerra de las galaxias* del primo tercero Barry en Pittsburgh. Como diría Yoda: «En un lugar oscuro nos encontramos, y un poco más de conocimiento ilumina nuestro camino». Si puedes acceder a esa profunda reserva de desesperación antes de confirmar tu asistencia, te ahorrarás días (¿semanas?, ¿meses?) de arrepentimiento y ansiedad previos al evento y miles de euros en billetes de avión y hoteles. Simplemente, marca «Lo siento, no puedo» en la tarjeta de respuesta y envía un regalo. ¿Tal vez una bonita tabla de cortar con la forma de la Estrella de la Muerte?

¿Te importan una mierda los hijos de tus amigos? En primer lugar, tienes que dejar claro que no se trata solo de sus hijos, ¡se trata de todos los hijos! En ese sentido, es una especie de norma personal. (Y, si tú mismo eres padre o madre, «todos los niños menos los míos» también funciona.) Sin embargo, decir literalmente las palabras «No me importan una mierda tus hijos» es poco probable que dé resultados positivos. Es muy posible que no tengas que volver a tratar con esos niños, pero también es probable que hayas perdido un amigo.

Suponiendo que quieras conservar a tus amistades y no herir sus sentimientos, pero que no se espere de ti que asistas a actos en los que el invitado de honor sea un niño pequeño o que nunca, en ninguna circunstancia, te pidan que hagas de canguro, tienes que añadir una buena dosis de educación a esa sinceridad. Una piruleta de vez en cuando o un «¡Qué mono!» en las redes sociales pueden ser muy eficaces. Es la filosofía de «Una cucharada de azúcar ayuda a que el medicamento baje» (Mary Poppins: #NoMeArrepiento desde 1934).

¿Te importan una mierda los cachorros? Bueno, pues mucha suerte con eso.

UNA CHARLA MOTIVACIONAL

Debemos aceptar que, incluso cuando hayas tomado decisiones sobre qué te importa una mierda y hayas elaborado un diagrama de tus listas y comenzado con las cosas fáciles, no todo va a ser miel sobre hojuelas. Obviamente, la gente como Richard Simmons y yo lo tenemos todo resuelto, pero, si mandar a la mierda fuera tan fácil, ya lo habrías hecho antes.

Sí, ya lo has escuchado antes aquí: es posible que sientas la tentación de retroceder un poco. Es normal. No te preocupes. Al igual que la píldora anticonceptiva, #NoMeArrepiento es un método revolucionario, pero no 100 % infalible. Si experimentas náuseas a primera hora de la mañana, solo trata de recordar esta advertencia.

La fiesta a la que nadie quiere ir

Recuerda el karaoke de cumpleaños de ese compañero de trabajo, la fiesta de la que hablamos en la segunda parte. Supongamos que has decidido, al hacer tus listas de categorías, que en realidad te importan una mierda el karaoke, Tito o, tal vez, incluso, las fiestas de cumpleaños en general. De hecho, estás bastante segura de que casi nadie en tu oficina quiere ir a esta fiesta, pero ahora que estás leyendo este libro, eres la única lo suficientemente valiente como para decir que no irá. Pones en marcha el paso 2 y te olvidas de la fiesta.

¡Listo!

Pero luego, al día siguiente, te sientes algo incómoda. Quizá Tito u otros te están tratando con indiferencia. (Céntrate: ¿te importa lo que ellos piensen?). Flaqueas. Empiezas a cuestionar tu decisión de haber mandado a la mierda a tu compañero de trabajo y su fiesta. Gastas un poco más de energía tan solo preocupándote por eso.

Alto ahí.

Es importante no confundir este extraño sentimiento de libertad con sentimientos de arrepentimiento o vergüenza. Tomaste la decisión correcta. ¡Por el amor de Dios, cantaron un álbum *completo* de Raphael! Lo que estás experimentando no es una punzada de arrepentimiento,[3] sino libertad con un tufillo de lástima ha-

(3) Si sinceramente sientes que estás experimentando algún tipo de arrepentimiento, entonces es tiempo de añadir «arrepentimiento» a la lista de cosas que puedes mandar a la mierda.

cia tus compañeros de trabajo cuyas opiniones, en su mayoría, también terminarás por mandar a la mierda en algún momento.

SINCERIDAD: UNA ESCALA VARIABLE

Pasé mucho tiempo en la primera y la segunda parte dándote en la cabeza con las dos claves para dar el paso 2 sin ser una imbécil: sinceridad y educación. Y aunque admito que, en algunos casos, ser amable está sobrevalorado (consulta la página 108, «A veces está bien herir los sentimientos de las personas»), la sinceridad es en realidad, digamos, el más *flexible* de los dos principios.

La sinceridad suele ser la mejor política cuando mandas algo a la mierda. Tiende a nivelar el juego y te ayuda a evitar muchos rodeos agotadores e innecesarios, por no mencionar la «desventaja de las redes sociales» cuando no has sido sincera acerca de por qué no pudiste estar en algún lugar y luego tienes que preocuparte por no ser vigilada en Facebook o Foursquare (¿todavía existe Foursquare?) «haciendo *check in*» o «ganando categoría de fan destacada».

¡Tantos recursos extra desperdiciados!

Hablar con sinceridad te permite decir cosas como: «Lo siento, no tengo tiempo para leer tu novela autopublicada sobre gnomos, pero te deseo todo lo mejor», o: «No me gusta el té». Sencillo y directo y, si lo suavizas con amabilidad, muy eficaz.

No herir los sentimientos de las personas y no dejarse atrapar en una mentira es la forma más pura de #NoMeArrepiento. No tienes nada por lo que debas angustiarte o disculparte.

Pero todos sabemos que hay ocasiones en las que has dado el paso 1, has decidido que te importa una mierda y has trazado tu curso de acción más educado y sincero, pero aplicar el paso 2 parece... repulsivo. La buena noticia es que sentir ese factor de «repulsión» significa que no eres una imbécil. Los imbéciles nunca se ponen nerviosos.

Mi punto es que, si tienes el presentimiento de que la sinceridad en toda regla NO es, de hecho, la mejor política, entonces puedes manipularla un poco. Como referencia, he compilado una lista útil.

Momentos en los que la sinceridad total tal vez no sea la mejor política

- ✗ Cuando se trata de la manera de cocinar de otra persona.
- ✗ Cuando fácilmente podría ser «una cuestión de planificación».
- ✗ Cuando no quieres tener que hablar con el terapeuta de nadie al respecto.
- ✗ Cuando los Reyes Magos y los niños pequeños forman parte de la ecuación.
- ✗ Cuando se trata de una mujer embarazada.
- ✗ Cuando se trata de tu suegra.
- ✗ Cuando se trata de tu suegra embarazada.

DIFERENTES MIERDAS, MISMO PRINCIPIO

En la segunda parte trabajamos para **decidir** qué es lo que te importa una mierda. Luego, en esta tercera parte, hemos revisado algunos conceptos para que te mentalices. **Ahora, usando respuestas reales de personas reales como indicadores, abordaremos cómo MANDAR A LA MIERDA.**

Así es, en esta sección ¡vuelvo a mi investigación!

A partir de los resultados de mi encuesta anónima, te proporcionaré ejemplos de cosas que aparecen regularmente en las listas de «Me importa una mierda» de otras personas y te mostraré cómo podrías mandar a la mierda esos elementos sin, repítelo conmigo, «convertirte en una imbécil».

Para facilitarte la práctica de #NoMeArrepiento, te he proporcionado tres niveles para dar el paso 2 según tu tipo de personalidad y lo cómoda que te sientas siendo «directa» sobre esto.

Comencemos con la categoría 1: «Cosas»

En el momento de escribir este libro, más de 10 % de los encuestados señaló a las Kardashian o a un miembro específico de la familia Kardashian (te estoy mirando, Kimberly) como algo que les importa una mierda. Otro 10 % respondió: «*reality shows*, estrellas de *reality shows* o personas famosas por ser famosas». No sé qué decirles, este problema es más grande que todos nosotros. He pasado un poco de tiempo reflexionando sobre la cuestión existencial: «Si a tanta gente les importan una mierda las Kardashian, ¿por qué siempre están en la televisión?», pero rápidamente concluí: «A la mierda».

Sigamos.

Más allá de la pandilla de *reality shows* (incluidos solteros/as, amas de casa de donde sea y *MasterChef*), algunas otras celebridades aparecieron en la categoría de «Cosas que me importan una mierda», entre ellas Madonna, Hugh Jackman y Drake. Creo que es bastante fácil continuar con el paso 2 y mandarlos a la mierda (a menos que seas la madre de Drake, supongo), así que voy a abordar algunos asuntos más urgentes:

> **Reciclaje.** El método #NoMeArrepiento tiene que ver con priorizar tu felicidad y preservar tu tiempo y energía para las cosas que te importan. Entonces, si te importa una mierda salvar nuestro planeta...
>
> > **Principiante:** decídete a reciclar botellas y latas, pero deja de preocuparte por si el papel parafinado y el poliestireno expandido son desechables. Sssh... será nuestro secreto.
> >
> > **Intermedio:** por supuesto, pon ese lote de envases vacíos en la basura regular en lugar de molestarte con bolsas y latas separadas. Anoche estuviste de fiesta. Necesitas un descanso.

Experto: delega el reciclaje a tu cónyuge o compañeros de departamento y manda a la mierda todo esto. Negación plausible. Búscala.

Pódcast. Personalmente, no tengo nada en contra de los pódcast como los de la NPR[4] («¡Hola, chicos! ¡No duden en recomendarme en cualquiera de sus muchos entretenidos e iluminadores programas!»), pero entiendo el impulso de que te importe una mierda algo que el resto de la sociedad parece convertir en fetiche, sobre todo, cuando se sirve con una buena dosis de elitismo. (Lee mis opiniones sobre *The New Yorker* en las páginas 69 y 70.)

Principiante: cuando alguien mencione el pódcast del momento, puedes decir: «Espera, espera, no me lo digas» y alejarte rápidamente. Asumirán que estás bromeando.
Intermedio: inventa un pódcast falso, dile a la gente que es tu favorito y disfruta viéndolos fingir que también lo escuchan.
Experto: si has conseguido mandar a la mierda lo que piensen los demás, entonces la próxima vez que tus amigos comiencen a ponerse poéticos sobre cualquier pódcast pretencioso puedes mantener la cabeza bien alta y pronunciar estas cuatro pequeñas palabras liberadoras: «Yo no escucho pódcast».

(4) National Public Radio es la radio pública estadounidense. (*N. de la T.*)

Nota sobre el vino rosado. Sustituye «Yo no escucho pódcast» por las palabras «No me gusta el vino rosado» y luego disfruta viendo cómo todos piensan en secreto: «A mí tampoco. ¿Qué estoy haciendo con mi vida?».

Quién escribió «en realidad» las obras de Shakespeare. Si eres un estudioso de Shakespeare, esto tiene que importarte o, al menos debes fingir que te importa. ¿A todos los demás? No tanto.

Principiante: cuando alguien en una fiesta comience con el argumento de Christopher Marlowe, murmura: «Un marloviano, ¿eh?», y luego tose. Entenderá el mensaje.
Intermedio: si te encuentras arrinconada, haz como Hotspur en la primera parte de *Enrique IV*. Tan solo di: «¡Oh, caballeros, la vida es corta!». Enseguida vete a la habitación de al lado y haz una despedida a la francesa. (Por cierto, *excelente* estrategia para mandar a la mierda en innumerables circunstancias.)
Experto: no asistas a este tipo de fiestas, para empezar.

Juego de tronos. Otra ejecución bastante simple de #NoMeArrepiento, pues nadie te está obligando a punta de espada a que leas los libros o veas la serie (aunque eso sería algo increíble e irónico). Pero, en cuanto a *tener que* escuchar a otras personas hablar sobre los libros y ver la serie, debes estar preparada de cualquier manera.

> **Mi respuesta favorita de la encuesta**
>
> DOMA CLÁSICA Tuve que googlearla. Así fue como llegué a la página de Wikipedia que explica: «La doma clásica se conoce comúnmente como "*ballet* de caballos"». La añadí de inmediato a mi propia lista de «Cosas que me importan una mierda».
>
> Gracias por ampliar mis horizontes, seas quien seas.

Principiante: «Mmm… ¿todavía sigues hablando de eso? Lo siento, me he desconectado. Supongo que no me invitaréis a ver el final, ¡maldita sea!».

Intermedio: un sincero y educado: «Ay, amigos, ya que en realidad me importa una mierda *Juego de tronos*, voy a largarme ahora y os alcanzaré el martes por la mañana, cuando hayáis terminado de fomular vuestras hipótesis sobre lo que realmente le sucedió a Jon Snow y cuáles son las diferencias con los libros».

Experto: invierte en una camiseta que diga: «Los dragones me importan una mierda». Úsala en tus reuniones según sea necesario.

Redes sociales. ¿Por dónde empezar? En nuestro mundo moderno no estar en Facebook es casi como ser comunista en el Hollywood de los años cincuenta. A los usuarios no les gustan los no alineados. Yo misma soy una orgullosa propietaria/operadora de cuentas de Facebook, Twitter e Instagram (aunque, como ya sabéis, trazo el límite en Google+). Pero, si eres uno de los pocos seres felices comprometidos con una vida libre de «Me gusta», mantente fuerte. No hay *hashtags* allá adonde vas.

> **Principiante:** tal vez podrías elegir una sola plataforma, configurar una página falsa y olvidarte de ella. La configuración de privacidad de Facebook es una mierda, así que te recomiendo rebuscar en Twitter; ahí es donde están todas las cosas buenas, el mero chisme. La gente se comporta muy muy mal en Twitter.
> **Intermedio:** vale, no abras ninguna cuenta, pero tampoco *menciones* que no tienes una página de Facebook. Solo estás buscando problemas.
> **Experto:** ¿has oído hablar del *catfishing*?[5]

Por quién se sienten atraídos los demás. ¡Felicitaciones, iluminada! Si sabes que esto es algo que te puede importar una mierda, es extremadamente fácil continuar con el paso 2.

(5) Suele utilizarse este anglicismo para referirse al uso de perfiles falsos en las redes sociales. Por lo general, se utilizan para ligar. (*N. de la T.*)

Principiante: ¿ves a esas dos personas del mismo sexo mordisqueándose las orejas?, ¿no es bonito?
Intermedio: hojeando una revista, ves a la cuarta mujer de Billy Joel y su piel que brilla como piedra lunar en contraste con el sexi rostro alcoholizado de Billy. Pasa la página.
Experto: es *tan monumentalmente fácil* que te importe una mierda por quién se sienten atraídos los demás que, una vez que alcanzas el nivel de experta, les debes a tus conciudadanos *no solo* mandar este asunto a la mierda, sino recordarle a toda la gente lo idiota que es al dilapidar sus recursos en eso.

Adaptarte. Esta (ESTA Y NO OTRA) es la razón por la que escribí el libro que tienes en tus manos. Ya seas principiante, intermedio o experto, *Las ventajas de mandarlo todo a la mierda* es para personas que están hartas de fingir interés, entusiasmo y conformidad con el resto del mundo. Se trata de empoderarlas (a ti) para que se sientan libres de ser ellas mismas (tú misma) y vivir su (tu) vida mejor.

Categoría 2: «Trabajo»

Muchas personas que hicieron la encuesta respondieron que les importan una mierda las reuniones, presenciales y virtuales, y los códigos de vestuario, temas que ya abordamos con detenimiento en la segunda parte. Pero aquí hay algunos casos extraordinarios que necesitan con urgencia el tratamiento #NoMeArrepiento:

Responder un correo electrónico no solicitado. Este es un buen ejemplo de algo que técnicamente afecta a otra persona (es decir, al remitente del correo electrónico) además de a ti; pero, si el mensaje original no fue solicitado, no cuenta.

Principiante: por medio de la presente se te autoriza a mandarlo a la mierda. Pulsa *Eliminar* e invierte ese tiempo en Gawker.[6] Dios sabe que a ellos les importa una mierda.
Intermedio: elimina los correos electrónicos y bloquea a los remitentes. Así aprenderán.
Experto: ejecuta uno de esos sofisticados programas de cancelación de suscripción para toda tu bandeja de entrada: adiós boletines electrónicos, códigos de cupones y actualizaciones de servicios financieros.

Chismes. Si *de verdad* no quieres ser un engranaje en la fábrica de rumores de la oficina, hay una variedad de formas en las que puedes manejarlo con un mínimo de recursos.

(6) Gawker fue un famoso blog dedicado a celebridades y a los espectáculos. Cerró en 2016. (*N. de la T.*)

Principiante: cierra la puerta, si es que tienes una. Si no es así, cómprate unos cascos. ¿Qué sentido tiene cotillear con alguien con cascos? Exacto.
Intermedio: un educado «No quiero escucharlo» y luego cubrirte los oídos con ambas manos hasta que se alejen debería ser suficiente para expresar tu punto de vista.
Experto: la próxima vez que alguien te venga con el chisme de que tu compañera Regina acostumbra a enviar mensajes sexuales, tan solo levanta una mano y repite después de mí: «Voy a contarle a Regina esto que me acabas de decir». ¡Tachán! Ya no eres alguien confiable con quien se pueda cotillear.

Ejercicios de integración. Ya es bastante malo que todos tengamos que trabajar juntos día tras día, ¿de verdad tenemos que «reunirnos en grupos de tres»? Es como protagonizar una película mala de Fellini, pero con peor café.

Principiante: tómate un día de vacaciones.
Intermedio: tómate un día por enfermedad.
Experto: tómate un día personal.

Lamer culos. En la segunda parte dije que por cada cosa por la que *tienes* que preocuparte en el trabajo debe haber cinco por las que no. Sin duda, lamer culos es una de esas cinco. Haz bien tu trabajo y no debería ser necesario que te rebajes a ti misma adulando a tu jefe, a su asistente o a la de Relaciones Públicas con quien se rumorea que el jefe está teniendo una aventura.

Principiante: simplemente, no lo hagas. Es fácil no participar en algo que ni siquiera forma parte de la descripción real de tu trabajo.
Intermedio: si el jefe antes mencionado exige que lo adulen, considera la opción de hacerle una foto con su amante y, en su lugar, poner en marcha un pequeño chantaje. Misma ruindad, resultado más satisfactorio.
Experto: emplea la psicología inversa. Si hay algunos aspectos de tu trabajo que realmente te *deberían* importar, pero no es así, entonces lamer culos podría ser útil. Allá cada cual.

Hijos de los compañeros de trabajo. Cuando Pablo, de Contabilidad, comience a hablar sin parar sobre cómo su hija terminó en el quinto lugar en la olimpiada de ortografía del colegio, puede que pienses que no tienes escapatoria. Pero estarías equivocada.

Principiante: aprieta el estómago y di: «¡Oye, qué bueno, pero tengo que irme enseguida!». Sincera y educada, hasta donde Pablo sabe, estás sufriendo de una aguda diarrea (una excelente palabra para la olimpiada de ortografía, por cierto).
Intermedio: «Uf, qué extraño. Me pregunto de dónde habrá sacado esa habilidad». Sincera, en

el límite de lo educado, es lo que en el trabajo llamamos «chúpate esa».
Experto: «Genial, está muy bien. *Mi* hija es analfabeta». Pablo no volverá a hablar contigo. Acerca de nada.

La declaración de intenciones de la empresa. ¿Has oído hablar del teorema del mono infinito? Lo usaron en un episodio de *Los Simpson*, cuando el señor Burns tiene a mil monos escribiendo en mil máquinas de escribir con la idea de que, si se les da el tiempo suficiente, los monos podrían escribir las obras de Dickens. Básicamente, así es como se crean las declaraciones de intenciones de la empresa. Veamos por qué no es necesario que te importe memorizarlas o cumplirlas. Son el producto de incontables horas dedicadas a «lluvias de ideas» y «grupos de trabajo» que dan como resultado el texto más insulso, más generalizante, más políticamente correcto y muchas veces estúpido que podría haber sido creado por cualquier grupo de monos en cualquier sala de juntas del país.

TODOS LOS NIVELES: sugiero que, cada vez que te encuentres con una declaración de intenciones corporativa, en lugar de leerla/asumirla, dediques dos minutos a imaginar una habitación llena de monos fumando puros y traqueteando felizmente sus teclados. Para ser sincera, creo que te resultaría más útil.

«A quién le corresponde el trabajo.» Esta es una espada de doble filo. Está claro que ninguno de nosotros *quiere* hacer el trabajo de otras personas. Pero te escucho alto y claro mandar a la mierda «a quién le corresponde el trabajo» cuando ese argumento se convierte en una excusa para no completar una tarea perfectamente simple que, de no cumplirla, retrasaría todo el proyecto. ¿Carlota, de Ropa Íntima, no está reabasteciendo los muebles de tangas a tiempo y nadie más quiere colaborar? Bien; la culpa es suya, pero nadie podrá salir de aquí hasta que todo el Departamento de Mujer esté impecable.

> **Principiante:** tan solo hazlo y ponte en contacto con la gerencia el lunes. Tal vez gastes algo de tiempo y energía, pero te divertirás haciendo que despidan a Carlota la próxima quincena. Ganancia neta.
> **Intermedio:** haz el trabajo de Carlota esta vez (y planea denunciarla), pero solo por diversión, y déjale una nota del Hada de las Tangas advirtiéndole de que sus días están contados.
> **Experto:** sugiere echarlo a suertes a quien tiene la pajita más corta. Guarda siempre una pajita trucada en tu bolsillo.

El resumen completo de los fines de semana de otras personas. Puede que algunos de tus compañeros de trabajo lo encuentren difícil de creer, pero los fines de semana son esos días en los que la mayoría de la gente evita «hacer cosas del curro» y «hablar con compañeros de trabajo». A tu llegada a la oficina el lunes, si te enfrentas a las lecciones de ala delta de un compañero de trabajo que pasó el fin de semana en el cerro de la Muela, siempre puedes aplicar la misma estrategia del paso 2 que usaste con Pablo y su prodigio ortográfico.

Como dijo alguna vez Bert Lance, director de la Oficina de Administración y Presupuesto en el equipo de Jimmy Carter en 1977: «Si no está roto, no lo arregles».

> **Principiante:** «¡Tengo que irme enseguida!» [con la mano apretando el estómago].
> **Intermedio:** «Mmm..., ¿gracias por la foto?».
> **Experto:** «Mi [marido/mujer/pareja] murió en un extraño accidente de ala delta».

Evaluaciones de rendimiento. Quizá tengas que presentarte a tu evaluación de rendimiento si deseas conservar tu trabajo. Pero (y sé que esto puede parecer contradictorio) no tienes por qué sacrificarte mientras estás ahí sentada. ¿Por qué? Porque esta es una situación en la que la suerte ya está echada. Esa evaluación ya fue efectuada por tu jefe; hoy solo es el día en que tienes que *escucharla*.

> **Principiante:** imagina a tu jefe en ropa interior. Con suerte, esto te relajará, no te dará asco.
> **Intermedio:** imagina a tu jefe con un traje de BDSM y tacones con lentejuelas.

Experto: *usa* un traje de BDSM y tacones con lentejuelas para tu evaluación de rendimiento y conviértete de inmediato en la alcaldesa de Mandar a la Mierda.

Cómo de fan de Tarantino es tu compañero de trabajo. Solo una persona envió esta respuesta, pero, seas quien seas, espero que estés leyendo este libro porque esto es como el santo grial del «Me importa una mierda». Espero que tu compañero de trabajo también lo esté leyendo, porque merece estar en el paso 2. Solo tienes que alejarte. Ser totalmente sincera. Ni siquiera necesitas ser educada. Por favor, ponte a ti y a todos los demás de tu oficina a salvo de la miseria colectiva.

Mandar a la mierda el trabajo de manera definitiva: renunciar

Llegar tan lejos en *Las ventajas de mandarlo todo a la mierda* puede implicar enfrentarse a algunas verdades dolorosas sobre tu trabajo. Por ejemplo, que odias todo lo relacionado con él. Ya has hecho el recorrido por el desván, has redactado tus listas y te has dado cuenta de que tu archivador mental está repleto de cosas molestas. Las puertas no cierran sin importar cuánto empujes y cada vez te preocupa más que todo te caiga encima y te aplaste hasta matarte.

Si ese es el caso, odio decírtelo, pero mandar a la mierda las videoconferencias y a los hijos de tus compañeros de trabajo no será suficiente. Necesitas un trabajo completamente nuevo. Estamos hablando del paso *2 definitivo: renunciar.* Obviamente, tal vez no puedas renunciar HOY... No estoy diciendo que debas dejar este libro, prender fuego a las borlas de los mocasines Gucci de tu jefe y salir corriendo sin pensar de dónde procederá tu próximo sueldo.

Pero piénsalo de esta manera: ya *te estás preocupando* por conseguir un sueldo todos los días. Así que, aunque la búsqueda de un trabajo nuevo puede costarte un poco de tiempo y energía a corto plazo, ¡tus recursos estarán al servicio de la alegría a largo plazo! Una vez que estés instalada en el nuevo empleo, borrón y cuenta nueva en el dispendio de mierdas. Cuando llegues ahí, a lo mejor hasta disfrutes de un nuevo archivador. Te lo has ganado.

Categoría 3: «Amigos, conocidos y desconocidos»

Voy a tomar un rumbo ligeramente diferente aquí, porque las circunstancias en las que es posible que mandes a la mierda los elementos y eventos relacionados con amigos, conocidos y desconocidos son **más fluidas, numerosas y complejas que en cualquier otra categoría.**

Y también porque la variedad le da sal a la vida.

El «Trabajo» tiene una lista de mierdas relativamente finita (las mismas mierdas, solo que en diferentes días) a menos que cambies de empleo (y a veces ni así); las «Cosas» son en gran medida inanimadas y, por tanto, requieren menos delicadeza cuando se trata de dar el paso 2, y la «Familia» mantiene un repertorio cíclico bastante estable de mierdas año tras año (gracias en parte a esas deliciosas tradiciones navideñas que ya hemos discutido antes).

Pero los «Amigos, conocidos y desconocidos» son, en general, más impredecibles. Entran y salen de tu vida con más regularidad (en particular, los desconocidos, que todo el tiempo aparecen con sus peticiones, su pésima manera de quedarse y sus «ganas de hacer comunidad») y a menudo se mueven en manadas que pueden dificultar navegar a través del paso 1, y ni qué decir de la ejecución del paso 2.

Por fortuna, hay un evento universal que (si logras un dominio mínimo de sus giros y desafíos laberínticos) te proporcionará un modelo para casi todas las interacciones de esta categoría.

Una especie de estudio de caso, por así decirlo.

TE PREGUNTABAS EN QUÉ MOMENTO LLEGARÍAMOS A LAS BODAS, ¿NO?

Me gustan las bodas. Son alegres y divertidas celebraciones de amor. Me lo he pasado genial en alrededor de cuarenta de ellas a lo largo de mi vida. Entonces, cuando el inevitable crítico de Amazon cite mis palabras descontextualizadas, recuerda que lo único que estoy diciendo es algo que todos saben que es cierto: las bodas hacen una gran mella en tu listado de mierdas.

¿Recuerdas ese diagrama de Venn? Las bodas se asientan justo en la intersección de tus tres recursos: tiempo, energía y dinero.

Las primeras a las que asistes son experiencias novedosas. Hay baile, alcohol, comida gratis, tal vez un karaoke.

¡Guauuuuu, bodas! A medida que pasa el tiempo (sobre todo, en el caso de personas de veintitantos o treinta años que tienen amigos, hermanos y primos de edad similar), probablemente irás a muchas más. Se volverán un poco menos novedosas y, dependiendo de su frecuencia, tal vez un poco menos divertidas, derroches más notorios de tiempo y energía. Ciertamente, mucho más caras. Y, de repente, tienes doce invitaciones de boda (además de eventos relacionados, como despedidas de soltera y de soltero) y solo una cantidad determinada de ingresos disponibles y de días de vacaciones en un año.

Si tienes cincuenta, sesenta y setenta años, ¡ahora te invitan a las bodas de los hijos de tus amigos! Eso significa que participas menos en la fiesta, pero necesitas el mismo tiempo, energía y dinero para llegar ahí.

Que no te dé vergüenza aceptar que no es tu obligación asistir a todas las bodas hasta el final de los tiempos. A menudo haces sacrificios con tal de ser parte de los días especiales de tus amigos (o de los hijos de tus amigos) y te sientes feliz por eso. Pero, también... a veces... a veces es posible que el dichoso acontecimiento salga totalmente de tu listado. Puede que desees ir a la boda, pero no puedas incluir los dieciséis eventos relacionados en tu calendario. Puede que, de hecho, ni siquiera conozcas muy bien a los novios. O tal vez solo no quieras o no puedas hacerlo por una o más de una serie de razones perfectamente justificables.

Todas hemos estado ahí, aunque yo sea la única dispuesta a admitirlo por escrito. Las bodas de otras personas son el lugar al que acuden los iluminados para tomar tragos tibios de vodka barato y suplicar piedad en los brazos de una dispuesta amiga de la novia.

MIERDAS VIEJAS, MIERDAS NUEVAS, MIERDAS PRESTADAS, MIERDAS AZULES

La razón por la que las bodas son un estudio de caso tan útil en el gran esquema de las mierdas de la categoría 3 es que **involucran amigos, conocidos e incluso desconocidos; TODOS A LA VEZ.**

Piénsalo de esta manera: tu boda, tus mierdas. Agrega familia política y tendrás las manos llenas. Pero, incluso cuando se trata de la boda de otra persona, se espera de ti que te importe todo tipo de cosas, cada una de las cuales podría estar vinculada a un amigo o a un miembro de la familia de tu amigo, y así sucesivamente, lo que significa que muchas de estas personas son simples conocidos o desconocidos para ti.

Durante un período breve (o no tan breve) estás heredando las mierdas suficientes como para impulsar el PIB de una pequeña nación: Tuvalu, por ejemplo, para una ceremonia íntima. O los Estados Federados de Micronesia, si el asunto es elegante.

¿Te importa una mierda contribuir con una foto a la presentación de diapositivas de la cena de ensayo? Esa es tu prerrogativa, pero afecta a tu amigo, quien se dará cuenta de la notoria ausencia de sus disfraces de carnaval de Mortadelo y Filemón de tercer curso, además de que afecta a cualquier pobre idiota que haya tenido que organizar la presentación de diapositivas para empezar y que necesita recopilar suficientes fotos para llenar un PowerPoint que dure tanto como *My Heart Will Go On*. (A la mierda, PowerPoint.)

Probablemente también afecte a la madre de la novia, porque a la madre de la novia le afecta todo.

¿Te importa una mierda descifrar el código de vestuario de la boda «Cóctel casual de verano semiformal creativo» de tu amigo en un exclusivo club campestre a finales de agosto? Claro, puedes usar tu mono del mercadillo «me importa una mierda», pero entonces corres el riesgo de: *a)* horrorizar a la familia política, *b)* arruinar *al menos* dos fotografías y *c)* hacer que todos los demás se sientan extremadamente celosos de lo cómoda que estás. Quizá tan celosos que alguien «accidentalmente» podría derramar una copa de syrah sobre tu mono. Cuando se trata de bodas, el paso 2 debe tomarse con sumo cuidado para lograr el máximo de #NoMeArrepiento y el mínimo de lágrimas de novia, amistades terminadas y deudas en las tarjetas de crédito. Estamos hablando de niveles de cuidado como para considerar un traje de protección contra materiales peligrosos. (Ahora que lo pienso, es una lástima que los trajes de protección contra materiales peligrosos no sean código de etiqueta para las bodas.)

Pero, en cuanto hayas dominado el delicado baile de la sinceridad y la educación que se requiere para navegar en una boda dando un mínimo de recursos, estarás en camino de obtener la mayor alegría posible (y la menor cantidad de molestias) no solo de cada boda a la que debas (o no) asistir, sino también en la vida en general.

Así es, ¡aplicar el método #NoMeArrepiento a las bodas de otras personas es una clase magistral en sí misma!

Por eso, a continuación, he detallado cuatro escenarios frecuentes de bodas en los que podrías encontrarte algún día y con ganas de ahorrar energía. Pondrán a prueba tu resolución, desafiarán tu adherencia al método y te empujarán cada vez más hacia el camino de la iluminación. Cada uno está acompañado por una **matriz de sinceridad y educación**, donde los puntos en las matrices denotan la relativa sinceridad/educación de tu acción; así podrás ver con precisión cómo se alinean tu objetivo explícito de mandar a la mierda y la práctica máxima de #NoMeArrepiento, y cuándo te encuentras peligrosamente cerca (o en el interior) de la «casilla de los imbéciles».

La boda que se lleva a cabo durante un fin de semana festivo

La situación. Tienes unos amigos que se casarán durante el puente que habías reservado para unas divertidas vacaciones o una reunión familiar anual. Pero ese puente es la única ocasión en que los novios pueden faltar al trabajo. O tal vez son profesores, así que las vacaciones de verano son sus favoritas. Quizá esperan que la gente esté contenta de tener el día libre extra para asistir a su boda (¡y eso es muy amable de su parte, a decir verdad!), pero ahora tienes que elegir entre dedicar tus recursos a las vacaciones que has estado esperando durante todo el año o a tres días de huevos revueltos de bufet y charlas insustanciales en Palma. Tu objetivo es proceder con lo primero.

¿Cómo respondes?

LA BODA QUE SE LLEVA A CABO DURANTE UN FIN DE SEMANA FESTIVO

Las despedidas de soltero/soltera

La situación. Tu pareja y tú ya estáis gastando cientos (¿miles?) de euros, además de vuestros apreciados días de vacaciones, para viajar a la boda de tus amigos. Pero, o sea, ¡es su día especial! Sin embargo, las despedidas de soltero y soltera también se celebrarán lejos de tu hogar: a un viaje y un hotel de distancia. Si de verdad son tus mejores amigos del mundo y quieres mover cielo, mar y tierra (además de tu tarjeta Visa) para que esto suceda, adelante. ¡Esas son las mierdas que te importan! Pero, a efectos demostrativos, vamos a asumir que no, no puedes permitirte la suma de tiempo, energía y dinero; y que, además, no quieres ir; pero tampoco quieres quedar como una imbécil.

¿Cómo respondes?

LA DESPEDIDA DE SOLTERO/SOLTERA

La boda de las seis mil actividades

La situación. La prometida de tu amigo es hiperactiva. Ni ella ni su familia pueden quedarse quietos; de otra manera, tendrían que comenzar a confrontar sus *sentimientos*. Por tanto, la invitación del fin de semana de la boda viene con un folleto adicional de actividades, como yoga matutino, kayak, una caminata por la naturaleza, un *rally* y un partido de fútbol de los invitados de la novia contra los invitados del novio. Para ti, todas estas cosas estropearían un fin de semana idílico (¡y estúpidamente caro!) en el elegante *spa* donde se celebrará la boda. Quieres reservar un masaje y una exfoliación con sales, no sufrir la agonía de una búsqueda del tesoro antes del amanecer con un grupo de acelerados desconocidos.

¿Cómo lo manejas?

LA BODA DE LAS SEIS MIL ACTIVIDADES

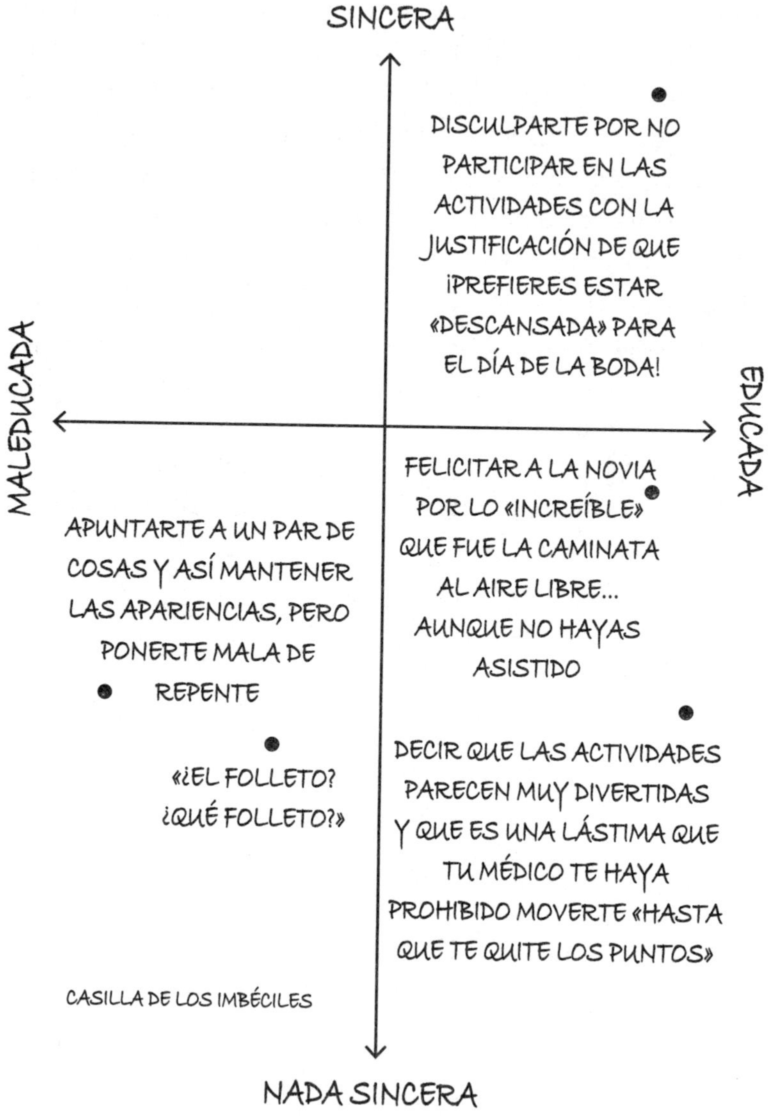

El almuerzo del día siguiente

El escenario. Muchas bodas vienen equipadas con un almuerzo para completar el fin de semana; estos suelen tener lugar antes del *check out* del hotel, con la mitad de los invitados sufriendo una resaca infame. Tú *quieres* ser uno de esos invitados, pero también deseas dormir tanto como sea posible antes de tu carísimo vuelo de regreso a casa. Tampoco quieres enfrentarte a ninguno de los parientes que podrías haber traumatizado anoche con tu coreografía de Rihanna, y mucho menos con pan tostado duro y fruta pasada de por medio.

¿Qué haces?

EL ALMUERZO DEL DÍA DESPUÉS

Espero y confío en que este haya sido un ejercicio útil. Las matrices de sinceridad y educación están diseñadas para demostrar que **el método #NoMeArrepiento es simple, pero no inflexible.** Puede funcionar de distintas maneras para diferentes personas, dependiendo de las circunstancias.

¡Con que no termines en la «casilla de los imbéciles», todo resuelto!

¿TE ESTÁS ECHANDO PARA ATRÁS? RECONSIDERA TUS POLÍTICAS PERSONALES

Esto es válido para bodas y para la vida en general: si la lista de lo que vas a mandar a la mierda es larga y ya has agotado tu capacidad de sinceridad y educación, no olvides que instituir una nueva política personal para amigos, conocidos y desconocidos siempre es una buena opción. Obviamente, tampoco abuses de esta táctica o la gente empezará a darse cuenta. Piensa en ella como si fueras un entrenador de fútbol preparando un saque de banda: quieres que sea sorprendente e imposible de parar. Si lo ejecutas bien, puedes cambiar por completo las reglas del juego.

Categoría 4: «Familia»

Como se discutió en la segunda parte, muchas de las respuestas de la encuesta se repetían cuando se trataba de familia. Hemos cubierto prácticamente toda la gama, pero a lo mejor nos falta un detalle.

De hecho, cuando se aborda esta respuesta en específico, el silencio que la rodea es parte del problema. Así es. Estoy hablando de la **HERENCIA**.

No es de sorprender, pues esta se encuentra en la etiqueta de las herramientas y acciones que hemos estudiado tanto en el paso 1 (afecta a otras personas, sentimientos/opiniones, listado de mierdas total, obligación/culpa) como en el paso 2 (sinceridad y educación, ser/no ser una imbécil).

Hablemos de dinero en efectivo o de reliquias, el tema de la herencia parece derivar en una cantidad desmesurada de recursos de tiempo y energía que se van en regatear y en quejarse sobre quién recibe/merece qué o en quién no quería/merecía qué, para empezar.

Y, sin embargo, muchos encuestados afirman que les importan una mierda tanto el dinero como la herencia cuando se trata de la familia.

Mmm.

Solo puedo suponer que, dado que el dinero es universalmente uno de los temas más difíciles/tabú en cualquier relación, incluso aquellos que deciden que les importa una mierda la colección de monedas del abuelo y cómo dividirla entre seis hermanos (y que así lo revelaron en una encuesta anónima) pueden tener dificultades para completar el #NoMeArrepiento con sus familias.

La herencia puede ser un tema espinoso, de eso no hay duda. Pero si a todas las personas que profesan que les importan una mierda los asuntos de herencia **en realidad los mandaran a la mierda** (en voz alta y clara, sin dejar lugar a equivocaciones), entonces todos podríamos pasar nuestro tiempo disfrutando de la familia y las monedas de colección que tenemos como familia.

Profundo, lo sé.

¡BONOS DE RENDIMIENTO!

En la segunda parte reconocí que, **cuando se trata de familia, algunas cosas no son negociables, pero también dije que te enseñaría cómo aprovechar al máximo una situación menos que ideal.** Entonces, si ya has completado el paso 1 y has decidido qué cosas te importan una mierda, pero sabes que dar el paso 2 (mandarlo a la mierda) es completamente imposible y que tendrías que pasar sobre el cadáver de tu madre literalmente, entonces también podrías incorporar algunos bonos de rendimiento por el noble acto de sacrificarte.

Por ejemplo, si no puedes evitar una reunión familiar de Navidad, programa un masaje para el día siguiente, así tendrás algo que anhelar. Aún mejor, pide el masaje como tu regalo de Navidad para que tu familia pague por los recursos que ya les has dado.

(#ConsejoDePro: mejorar el billete a primera clase en el vuelo de vuelta a casa también es un bálsamo eficaz, aunque tremendamente caro, para la enervante reunión familiar.)

O si tienes que asistir al almuerzo del Club Rotary de tu madre, en el que se la homenajea por su destacado servicio a la comunidad en la que creciste y de la que huiste nada más cumplir dieciocho años, roba antes una de las pastillas relajantes del botiquín de la homenajeada.

Y si no puedes renunciar a la foto de grupo, decídete a llevar tu ropa interior más atrevida o divertida ese día y te garantizo que todo el proceso será más llevadero. Además, cuando la foto empiece a llenarse de comentarios en Facebook como «¡¡Qué familia más guapa!!» y «Oh, Dios mío, ¡han crecido tanto!», sentirás un placer secreto al saber que llevabas puesto el tanga de aquel concierto en el que pone: «Veneno se montó una fiesta aquí».[7]

PREGUNTAS FRECUENTES

Se me ocurrió que podría ser útil abordar algunas de las preguntas más comunes que recibo cuando hablo con la gente sobre el método #NoMeArrepiento, preguntas que seguramente llegan a tu cabeza incluso mientras tachas alegremente los elementos de tus listas. Sé cómo es, créeme. Has tomado decisiones importantes sobre mandar a la mierda, pero *¿de verdad* las vas a lograr aplicar? Es más fácil fantasear con ello desde la comodidad de tu propia mente que decirlo en voz alta en mitad de la reunión fa-

(7) Yo podría ser, o no, la orgullosa propietaria de un tanga como ese.

miliar. Mi consejo es aprovechar la fiebre mientras arde dentro de ti. ¡No hay mejor momento que este para poner en orden tus cosas y empezar a vivir tu vida mejor!

En ese sentido, aquí hay algunas preguntas frecuentes que te ayudarán a sentirte mejor al dar el paso 2.

P: **Decirle a la gente que la voy a mandar a la mierda parece horriblemente maleducado. ¿No crees que es un poquito grosero?**

R: Bueno, si la enunciación *a la mierda* te hace detenerte, no es necesario que lo digas en voz alta. Puedes comunicar tu decisión de no gastar tu tiempo, energía o dinero en algo de una forma 100 % casta y pura (por ejemplo, «¡Confieso que no comparto tu opinión sobre X, pero allá tú!»). No creo que sea tan divertido, pero me corresponde a mí mandar esto a la mierda, no a ti.

P: **Me preocupa que, si mando a la mierda demasiadas cosas, me va a gustar tanto que me convertiré en una persona de mierda sin nada ni nadie por quien vivir.**

R: Es una preocupación legítima, pero el objetivo del método #NoMeArrepiento no es llegar a #UnaVidaLibreDeMierdas (una etiqueta divertida, aunque poco práctica). Solo se trata de terminar con aquellas que no te provocan alegría y *allanar* el camino para las que sí lo hacen.

P: Si se supone que mandar a la mierda es tan liberador, ¿por qué se siente uno tan incómodo al hacerlo?

R: No usar ropa también es liberador. Pero puede resultar incómodo porque la sociedad no está preparada para tus encantos. Lo único que se necesita es un poco de confianza (y un poco de talco), ya lo verás.

P: ¿Cómo se supone que le voy a explicar todo esto a mi madre?

R: Regálale una copia de este libro. Así es como yo planeo manejarlo.

P: A pesar de que todo lo que has dicho tiene mucho sentido [¡gracias por eso!], sé que no me saldré con la mía cuando me toque mandar a la mierda a ____________________________.

R: Lo único que te puedo decir es que no lo sabrás hasta que lo intentes. ¿Recuerdas que te conté que mi marido pensó que me había vuelto loca cuando le pregunté si podía ordenar su cajón de calcetines? ¡Y mira lo que resultó!

P: ¿Qué pasa si decido mandar a la mierda algo, luego no lo mando y luego me arrepiento?

R: En este momento solo le estás dando vueltas.

P: No me gustaría que la gente me dijera que manda a la mierda algo que es importante para mí. Entonces, ¿cómo puedo decirles que mando a la mierda algo que es importante para ellos?

R: Déjame escribirlo de otra manera: ¿te gustaría que la gente hiciera algo por ti solo por un sentimiento de obligación o culpa? La respuesta a ESA pregunta siempre debería ser no, o eres una cobardica. Y no te enterarías de que se sintieron de esta manera a menos que se sintieran cómodos hablando contigo al respecto, y viceversa. Así es precisamente como el paso 2 desbloquea la magia transformadora para todos.

OBTENER MÁS DE LOS RECURSOS QUE ENTREGAS (O NO)

Una vez más, quiero que revisemos el objetivo general del método #NoMeArrepiento, que no es tan solo mandar a la mierda las cosas que molestan, sino liberarnos de ellas para utilizar nuestros recursos en las cosas que provocan alegría.

Si en la tercera parte de este libro se ha abordado cómo mandar a la mierda esas cosas, entonces prepárate para disfrutar de la segunda mitad de la ecuación: ganar más tiempo, energía y dinero para todo lo demás.

Lo cual nos lleva a la cuarta parte, donde, como dicen, ocurre la magia transformadora de las vidas...

IV
LAS VENTAJAS DE MANDARLO TODO A LA MIERDA TRANSFORMA RADICALMENTE TU VIDA

En este punto de tu estudio de #NoMeArrepiento has mandado a la mierda lo que piensan los demás, has desarrollado excelentes habilidades para asignar tus recursos (tiempo, energía y dinero) y has creado una sólida lista (y una práctica guía de referencia) de cosas que te importan una mierda y puedes mandar a la mierda, además de una lista manejable de las cosas que *sí* te importan al cien por cien.

¡Genial!

Lo más probable es que hayas recuperado cientos de horas que solías dedicar a esas personas y cosas que te importaban una mierda y, si lo has hecho correctamente, no te han echado del trabajo y Teresa de Marketing no ha quemado tu casa. Has aceptado en paz cómo te sientes con respecto a las obligaciones, los Trivial e Islandia. A fin de cuentas, solo has perdido a los amigos que en realidad ni siquiera te caían bien y has evitado hacer nuevas amistades que no necesitas. No solo eso, sino que tal vez te hayas convertido en una persona aún más sincera y educada de lo que eras cuando comenzaste, lo cual es un excelente subproducto, si me permites decirlo.

Te estás acercando cada vez más a ese estado iluminado que solo brindan los recursos esenciales que mencioné en la primera parte. Al poner en orden tus mierdas, eliminar las que te molestan e identificar a las personas y las cosas que te ofrecen más placer y satisfacción, estás viviendo tu vida mejor.

Hablando de eso, la cuarta parte contiene incluso una lista de mierdas a las que tal vez deberías, y podrías, estar entregando recursos ahora que tienes todo este tiempo, energía y dinero en tus manos.

¡Mierdas que podrían desbloquear un nuevo paisaje de alegría!

Si todavía necesitas más argumentos, por favor, por favor, sigue leyendo...

UN RECURSO NO GASTADO ES UN RECURSO GANADO

En la tercera parte te recomendé que **visualizaras tus ganancias potenciales** con el fin de facilitar un poco el paso 2. Y, suponiendo que lo has hecho (¡bien!), ahora vale la pena **cuantificar exactamente lo que has gana-**

do. Creo que lo encontrarás bastante satisfactorio y sumamente motivador.

Como ya he mencionado, lo primero que la gente tiende a recuperar cuando ordena sus cosas es TIEMPO. Tiempo para meditar tranquilamente en el baño en vez de correr a una reunión telemática; tiempo para preparar esa receta de tarta de chocolate un domingo por la tarde en lugar de leer *Moby Dick* para el club de lectura (¿quién eligió ese libro?); tiempo para pasarlo con un ser querido en lugar de estar con unos cabrones cualesquiera que ni siquiera te caen bien.

¿Qué has ganado hasta ahora desde el punto de vista del tiempo? ¿Tres horas? ¿Diez minutos? ¿Un fin de semana al mes? Me huele a lista.

TIEMPO QUE HE GANADO AL MANDAR ALGO A LA MIERDA

ACTIVIDAD	BENEFICIO
Ejemplo: no ver Eurovisión	Tres horas

La segunda cosa que te devuelve el método #NoMeArrepiento es la ENERGÍA. Eso puede ser tan simple como echarte una bendita siesta o tan complejo como conservar energía al no hacer una actividad (esa clase de CrossFit a la que solo te inscribiste porque tu amiga te presionó) y luego gastarla en algo que preferirías hacer, como limpiar de una vez tu coche, que, por cierto, ya empezaba a oler a lo que huele la mochila de un adolescente.

ENERGÍA QUE HE GANADO AL MANDAR ALGO A LA MIERDA

ACTIVIDAD	BENEFICIO
Ejemplo: no emborracharse el lunes con los compañeros de trabajo	La voluntad de vivir el martes

Por último, pero no menos importante, está el DINERO. Como dijo una vez el comediante e intérprete estadounidense Will Rogers: «Demasiadas personas gastan el dinero que no han ganado comprando cosas que no quieren solo para impresionar a personas que ni siquiera les agradan». ¡Nunca mejor dicho!

Y, como el dinero se cuantifica con tanta facilidad, es especialmente satisfactorio cuando aplicas el método #NoMeArrepiento y te da como resultado ganancias económicas tangibles. Si mandaras a la mierda, digamos, la ropa de marca, en parte porque mandaste a la mierda lo que piensan los demás, podrías ahorrar cientos o miles de euros en un año. Conozco a muchas mujeres que se sienten presionadas a legitimarse gastando demasiado en ropa de marca cuando la ropa común y corriente queda igual de bien y podría hacerlas felices.

DINERO QUE HE GANADO AL MANDAR ALGO A LA MIERDA

ACTIVIDAD	BENEFICIO
Ejemplo: no asistir a esa	1.000 €[8]
despedida de soltera en	
Florencia	

(8) A veces hay que gastarse algo de dinero para ser un buen amigo y ganar en tranquilidad. En este caso, puede que quieras enviar un telegrama cantado, así que la fórmula es así: EUROS AHORRADOS (1000 €) – EUROS GASTADOS (200 € en telegrama cantado) = AHORRO NETO (800 €). No está nada mal.

O tal vez vives en las afueras y no quieres consagrar todos los domingos a ver los partidos de fútbol de tu sobrino de seis años; digamos que es poco probable que se haga profesional y te consiga entradas gratis para el Mundial de 2034. No solo ahorras tiempo y energía, sino también dinero en gasolina. Y su tita necesita unas gafas de sol nuevas.

Sí, el camino hacia la iluminación está pavimentado con horas recuperadas, ánimo recién descubierto y dinero contante y sonante.

TUS MIERDAS AFECTAN AL CUERPO, A LA MENTE Y AL ALMA

¡Pero todavía hay más! Lo que tal vez no esperabas ganar con el simple hecho de mandar algo a la mierda es una mejoría general de tu salud física y emocional.

Piensa en esto: no solo has ganado tiempo, energía y dinero, sino también autoconocimiento, confianza y un entusiasmo infantil por la vida. Además, te has ahorrado muchos dolores de cabeza. Literalmente. Sin mencionar la acidez, la ansiedad y las náuseas. ¿Recuerdas esa fiesta de karaoke con compañeros de trabajo a la que no fuiste? ¡Piensa en la cogorza que podrías haber tenido! Habrías estado bebiendo cubatas toda la noche con tal de no estrangular a Tito con su propio cable de micrófono. La mañana siguiente habría sido brutal, créeme.

Pero ¿qué pasó cuando la mandaste a la mierda? Adiós noche de sueño intermitente, adiós dolor de cabeza, adiós boca seca durante tu presentación matutina, adiós contar silenciosamente los minutos hasta poder echarte una siesta secreta debajo de tu escritorio a la hora de comer, adiós dolor de cuello por haberte echado dicha siesta... Es decir, las recompensas que se muestran en el análisis de coste y beneficio son innegables.

Tienes más tiempo para hacer lo que de verdad quieres hacer después del trabajo (sentarte en el sofá en ropa interior comiendo Pop Tarts y viendo *El último guerrero ninja*).

Has **decidido** que ver *El último guerrero ninja* es más placentero para ti que cantar en un karaoke con un tal Álex del Departamento de Informática (y actuaste con ese conocimiento porque **ya mandaste a la mierda lo que Álex o cualquier otra persona piense** sobre tus prioridades).

Tienes más **energía** por la mañana para **dedicarla** a depilarte sin lastimarte (cara, piernas o línea del bikini; no se debe jugar con la cera cuando estás borracha).

Y conservas el **dinero** que habrías gastado en ginebra y en la *pizza* de Domino's con la que habrías intentado (sin éxito) absorber todo ese alcohol a altas horas de la noche.

Sí, estarás silbando una tonada de *jazz* en la sala de descanso mientras tus compañeros de trabajo se echan incómodas siestas debajo de sus escritorios. Tal vez también lograrás avanzar mucho más en el trabajo ese día, ¡porque tus compañeros tendrán demasiada resaca para molestarte!

Considera los emocionantes beneficios adicionales para el cuerpo, la mente y el alma que se pueden derivar simplemente de haber mandado algo así a la mierda.

Cuerpo

Tantas mierdas superfluas conducen a borracheras de todo tipo, ya lo hemos discutido con detenimiento; pero ¿qué pasa con las que conducen a lesiones físicas reales?

Recuerdo vívidamente una mañana en la que pasé diez minutos de más jugando al Scrabble contra mi hermano en lugar de despedirme para tomar el tren. Sabía que me estaba quedando sin tiempo, pero me hizo muy feliz *aniquilarlo* por completo con «SAXO» en triple puntuación antes de irme a la oficina.

Por supuesto, cuando llegué al andén, vi que el tren estaba a punto de salir. Corrí (con tacones, esto fue antes de mandarlos a la mierda) para atraparlo y lo perdí por centímetros, tras torcerme un tobillo en el proceso. Estaba sudando y jadeando, mi tobillo se estaba hinchando rápidamente y me sentía muy muy furiosa.

Así que añadí «correr para tomar trenes» a mi lista de cosas que mando a la mierda, y desde entonces me he ahorrado una fortuna en ortopedia.

Mente

El despeje mental es, podría decir, mejor que el despeje físico porque no se detiene en los límites de un techo o una pared. El interior de tu cráneo todavía puede estar lleno de materia gris blanda, pero esos planos intangibles de ansiedad, preocupación, pánico y miedo han sido barridos y están más limpios que una iglesia antes de la visita del papa. Los beneficios para la salud mental de mandar a la mierda son vastos e interminables.

Por ejemplo, piensa en lo que podría suceder dentro de décadas si *hoy* decides mandar a la mierda el hecho de ir a misa cada domingo (lo siento, papá) y, en cambio, dedicarte a completar el crucigrama dominical de *El País*. ¡La futura tú, que no sufre de Alzheimer, te lo agradece enormemente! Simplemente no puedes comprar ese tipo de tranquilidad mental.

Alma

Está a punto de ponerse un poco loco todo esto, pero ten algo de paciencia. Aunque no todo el mundo le da mucho crédito a la definición tradicional de *alma* como 'una fuerza vital etérea separada de nuestro ser físico', apostaría a que la mayoría de nosotras entendemos los conceptos de «encoger el alma» o «destruir el alma» en lo que respecta a cosas que nos lastiman a un nivel celular profundo. No solo cosas que abarrotan nuestros calendarios o agotan nuestras fuerzas, sino el tipo de actividades o tareas o personas que imponen graves limitaciones a nuestra propia libertad. Sí, ya veo que me parezco a Mel Gibson en *Braveheart*.

Bueno, yo sostengo que la *libertad* es otra palabra para el *alma* y que, al mandar a la mierda todas las cosas incorrectas y conservar tus recursos para las que te hacen feliz, puedes obtener el tipo de libertad que algunas personas incluso podrían describir como… me atrevo a decir… «alimento para el alma».

OTRA FORMA DE MANDAR A LA MIERDA

El método #NoMeArrepiento implica entregar tus recursos o mandar a la mierda de manera activa. Incluso cuando has decidido que algo te importa una mierda, a menudo el paso 2 requiere alguna *acción* de tu parte: rechazar una invitación, decir no a una reunión, explicar tu última política personal. Y luego hay historias para las que puedes decidir entregar recursos *en su lugar*, por lo que consumirán tiempo, energía y dinero, aunque sean de esas en las que sí te gusta gastar.

Sin embargo, hay otra forma de mandar a la mierda que en realidad es bastante pasiva, pero igual de transformadora tanto a corto como a largo plazo. Yo equiparo esta versión de mandar a la mierda con repetir mentalmente la frase: «No vale la pena».

Tal vez te sea útil seguir esta técnica cuando, por ejemplo, alguien al otro lado de una transacción (como un jefe o tu proveedor de internet) se está comportando como un verdadero imbécil o es sumamente incompetente, pero no hay nada que tú puedas hacer al respecto. O sea, podrías explotar, lo que te subiría la presión arterial, pondría en riesgo tu trabajo o te bloquearía misteriosamente la conexión de wifi. Pero eso no es productivo cuando lo único que quieres hacer es salir del trabajo, irte a casa y revisar Twitter en paz.

En este tipo de casos es fácil indignarse, y con razón, pero este estado en sí mismo quema más recursos de los que se merece tu idiota/zalamero adversario. En vez de dejar que esas malas vibraciones te consuman como una mantis religiosa consume a su amante después del sexo, mejor intenta... mandarlo a la mierda.

Repítete a ti misma: «No vale la pena», y sigue adelante.

DEVOLVER EL FAVOR

Al convertirte en una de las pocas personas iluminadas que vagan por la tierra mandando a la mierda, es inevitable que termines por contagiar de tu nueva sabiduría a tu prójimo. No creerías cuántas personas me han escuchado elogiar los efectos de mi método #NoMeArrepiento y han resuelto, en ese mismo momento, hacer sus propios cambios. He ayudado a mis compañeros de trabajo a ver la luz cuando se trata de trámites inútiles; he ayudado a mis amigos a tomar mejores decisiones con respecto al uso de sus días de vacaciones, e incluso he ayudado a mis propios padres a mandar a la mierda algunas cosas. ¡Están tan orgullosos!

Tampoco es que esté haciendo todo esto por un sentido altruista. ¡Me importa una mierda el altruismo! **Lo hago porque me hace sentir bien.** Déjame decirte algo: si mandar a la mierda se hace sentir bien, ayudar a otra persona a hacerlo es todavía mejor.

Y, por último, lo hago porque, si todos mandáramos más cosas a la mierda y fuéramos exponencialmente más felices y saludables, el mundo sería un lugar mejor. Al menos, eso creo.

AVERIGUAR DE QUÉ PUEDES PRESCINDIR

También conocido como «Lo que tal vez siempre te importó una mierda, para empezar».

Un gran beneficio secundario de aprender a mandar a la mierda es que, a medida que aceptas las consecuencias o los «dolores de crecimiento» de los primeros intentos, gradualmente entras en un ritmo en el que dejas de dudar de ti, lo que reduce de manera significativa el tiempo dedicado a sacrificarte, así como los niveles de ansiedad derivados. **La vacilación y la ansiedad siempre atraen sacrificios extraños.**

De esta forma, el método #NoMeArrepiento te brinda las herramientas y la perspectiva necesarias para abordar la vida desde un punto de vista diferente: el de alguien que evalúa rápida y fácilmente cualquier situación y actúa en consecuencia. Y te permite dedicar ese tiempo (y energía y dinero) recuperado a otras cosas.

Aquí está la mejor parte: descubrirás que el hecho de que mandes a la mierda algunas cosas NO necesariamente lleva a un nuevo gasto de recursos en otras cosas.

Descubrirás que, una vez que dejas de utilizar un montón de recursos en las cosas que no te hacen feliz (y comienzas a añadir algunos elementos que habías descuidado y sí te hacen feliz), **ni siquiera necesitarás tantas cosas en tu vida, para empezar.** Que *no* hay cuarenta y siete tareas, eventos, personas y actividades previamente ignoradas que merezcan reemplazar las cuarenta y siete de las que por fin te has despojado.

No sé tú, pero yo simplemente no puedo llenar por completo las veinticuatro horas del día con cosas que me importan.

En otras palabras: tengo mucho tiempo de inactividad y eso es genial.

COSAS A LAS QUE TAL VEZ DEBERÍAS ESTAR ASIGNANDO MÁS RECURSOS

La verdad sea dicha: este capítulo está a punto de volverse un poco contradictorio. No digas que no te lo advertí.

Hasta este momento nos hemos centrado principalmente en una proporción de uno a uno de me importa/mando a la mierda; por ejemplo, salir del trabajo a las cinco en punto para no perderte la telenovela o renunciar a la fiesta de la final de la Copa del Rey de tu amigo para comerte una bolsa de Doritos mientras terminas de leer este libro. Esas son recompensas legítimas y, en muchos casos, incluso cotidianas. Y cambiarán tu vida.

Pero, una vez que hayas dominado el método #NoMeArrepiento, es posible que te sientas dispuesta, capaz y hasta emocionada de dar un paso más. La magia, como ves, puede funcionar a una escala aún mayor.

Estoy segura de que has visto esas listas que circulan en las redes sociales de vez en cuando con títulos como «Veinte consejos de un jubilado para jóvenes de veinte años» o «Lo que más lamentan sobre su vida las personas en su lecho de muerte». Tal vez hayas pensado: «Ostras, me quedan algunas décadas antes de tener que preocuparme por nada de eso».

Como diría Javier Bardem en *No es país para viejos*: «Piensa de nuevo, amiga».

La realidad es que, a menos que un reputado médico nos dé una fecha aproximada (y a veces ni siquiera entonces), ni una sola de nosotras sabe cuándo dejaremos este plano mortal. Es morboso, pero es verdad. Podrías ser atropellada mañana mismo por un autobús, mutilada por una manada de lobos o asustada hasta la muerte por un payaso.

Cuando lo piensas de esta manera, ¿no quieres hacer valer cada segundo?

A veces eso significa asignar algunos de los recursos nuevos y de manera *prolongada* en lugar de todos los que has entregado de forma tan poco sistemática, como hemos abordado hasta ahora.

Para ayudarte con eso (porque ese es el tipo de chica que soy), me he tomado la libertad de buscar en internet una cantidad de versiones de las listas mencionadas y he seleccionado cinco de los arrepentimientos más frecuentes, también conocidos como **«Cosas a las que tal vez deberías estar asignando más recursos»**. Ten en cuenta que estas no deben confundirse con las ganancias reales que ya podrías haber obtenido a corto plazo como resultado de la adopción del método #NoMeArrepiento. No, estos son objetivos a largo plazo, cuyo cumplimiento puede perderse fácil e irremediablemente en el día a día de las mierdas que dominan la vida de la mayoría de las personas.

Sin ningún orden en particular, aquí están.

Viajar

Un viaje aquí y allá como recompensa por haber mandado a la mierda alguna otra obligación es una cosa, pero a lo que se refieren las personas que aportan estas listas a los archivos históricos de internet es a *verdaderos* viajes. La pasión por viajar. Globalizarse. Viajar se podría convertir en una parte habitual de tu vida, no solo en un fin de semana de chicas dos veces al año en Cuenca (aunque esos también son agradables).

Cuidar más tu salud

Francamente, hacer ejercicio por el simple hecho de quemar calorías y sudar mi sujetador deportivo es algo que me importa una mierda, pero la salud no se trata solo de cuántas sentadillas puedes hacer. La salud también tiene que ver con objetivos primordiales como dormir más, mantener la calma y, tal vez, no meterte una *pizza* de queso entera a la Liz Lemon[9] en momentos de estrés. Lo que se me ha antojado más de una vez a mí, no sé a ti.

Aprender otro idioma

Roma no se construyó en un día, ni el italiano nivel conversación se puede dominar en la única hora que has ahorrado al faltar a la dinámica de integración de tu oficina. Pero, incluso si no tienes absolutamente ningún deseo de leer a Dante en su versión original, vale la pena señalar que este arrepentimiento se parece a muchos otros (correr una maratón, digamos, o cultivar tus propios tomates) que son superfáciles de posponer porque *c'è sempre domani.*

Planificar tu jubilación

Tal vez te importe una mierda contar con un ingreso estable y sostenible cuando seas demasiado vieja y decrépita como para presentarte en una oficina todos los días. Tal vez tu filosofía laboral sea «Vivir a tope, jubilarse en

(9) Liz Lemon es el personaje principal de la serie estadounidense *30 Rock*. (*N. de la T.*)

la miseria». Eso suena genial, pero parece que muchas personas a los sesenta y tantos sienten lo contrario, así que solo lo dejo caer.

Dominar un increíble truco de fiesta

Si tú eres de ese tipo de personas iluminadas que han logrado reducir con éxito sus obligaciones laborales, de amigos y familiares y ahora pasan unas cuantas horas a la semana divirtiéndose y haciendo calceta solo porque pueden, oficialmente eres una ganadora en la vida.

HAZ LO TUYO

Pero tal vez seas una persona hogareña. O quizá ya hicieras ejercicio antes. O a lo mejor eres como yo y tienes un serio problema de motricidad fina y nunca aprenderás a hacer calceta. El punto es que no *tienes* que entregar tus recursos por nada de la lista anterior, ni por nada a lo que ALGUIEN MÁS le entregue sus recursos.

Puedes tomar o ignorar mis sugerencias.

Las ventajas de mandarlo todo a la mierda está destinado a ser aspiracional e inspirador (no tiránico) en su enseñanza. Mi postura sobre el karaoke, por ejemplo, tal vez sea poco acertada con al menos la mitad de las personas que leen este libro. También puede resultar desconcertante para aquellos que me han visto interpretar

Faith o *Like a Virgin* bajo la doble influencia del ron y la presión de los compañeros. Sea lo que sea, ¡yo me ocupo de lo mío; tú, a lo tuyo!

Mientras escribía este libro, escuché la opinión no solo de los cientos de desconocidos anónimos que respondieron a mi encuesta, sino también de mis amigos y familiares, mi agente literario y su asistente, mi editor y publicista y otros empleados de la editorial y de algunos desconocidos que resultaron estar en el lugar correcto en el momento correcto. (De nada.) A partir de estas conversaciones, me di cuenta de que el camino de todos hacia la iluminación está pavimentado por una combinación única de me importa/mando a la mierda, y que la alegría de una persona puede fácilmente ser la molestia de otra.

Y eso está bien. Tus recursos son tuyos: puedes valorarlos, priorizarlos y entregarlos como mejor te parezca.

También tienes permitido cambiar de opinión, revisar tus políticas personales y reasignar en consecuencia. ¿Has oído el dicho de que «La ocasión hace al ladrón»? Bueno, a veces la ocasión hace la preocupación y es parte del proceso. Mira, de verdad, a mí me importa una mierda el karaoke; pero, si ya estoy en el bar y alguien me pone el micrófono en la mano y estoy lo bastante engrasada con Bacardí como para anestesiar a un poni, bueno…, pasan cosas.

Todo lo que digo es que, en el calor del momento, puede que descubras que esa mierda sí te importa y que incluso te dé una alegría. O darles un poco de alegría a las personas que ven cómo haces el ridículo, que no es lo peor que puedes hacer por tu prójimo de vez en cuando.

A LA MIERDA LOS *HATERS*

En el mismo tono con que te advierto que mandes a la mierda lo que piensen los demás, quiero prestar especial atención a un subconjunto de esos *demás*, también conocido como los *haters*. A estas alturas de tu formación en el método #NoMeArrepiento, es probable que te encuentres con algunos y debes estar preparada. Estas personas están desconcertadas, como mínimo, y muy ofendidas, en el peor de los casos, por tus decisiones de vida. Por la razón que sea, simplemente no tienen el deseo o los medios para aceptar el método #NoMeArrepiento. ¡Y eso está bien! Pero tú no tienes que sentirte abrumada por su estrechez de miras o su inseguridad. Tu vida es grandiosa y mejora cada día. A la mierda los *haters*.

SOBRE ALCANZAR LA ILUMINACIÓN

No importa dónde te encontrabas en el espectro de #NoMeArrepiento cuando comenzaste este libro. Confío en que hayas progresado en tu propia búsqueda personal para desperdiciar menos tus recursos y unirte a las filas de los iluminados, entre los que nos encontramos Serena Williams, Pat Kiernan (el presentador de noticias de Nueva York) y yo. En serio, ese tipo ha hecho de mandar a la mierda una *forma de arte*: todos deberíamos aspirar a ser más como él, que se interpreta a sí mismo en *The Amazing Spider-man 2* y los nuevos *Cazafantasmas*.

Espero que *Las ventajas de mandarlo todo a la mierda* te haya demostrado que es posible... y sin generarte un ataque de nervios. Dos semanas en rehabilitación pueden ser agradables, claro, pero no necesitas estar con el agua al cuello para comenzar a nadar.

Esta referencia ha sido demasiado tétrica... perdón.

Lo que quería decir es que el método #NoMeArrepiento no es solo prescriptivo, ¡también es profiláctico! Evitará que pierdas el piso, o que compres la cabeza. Puede ser que quieras consultarlo a diario, como se haría con la Santa Biblia, o con cierta frecuencia, como si fuera un mapa del metro. Puedes tratarlo como un GPS para tu alma. O puedes sacarlo a un campo y dispararlo. No me importa.

«De verdad, Sarah, ¿eso por qué?»

Creo que sabes por qué.

DIARIO DE TRABAJO

QUÉ ES ESTO

Te presento el diario donde podrás poner en práctica todo lo que te he contado hasta ahora. Vas a tener los mejores consejos, trucos y técnicas, además de nuevos ejercicios y más espacio para ordenar tu propia mierda.

Espero que hayas traído lápices.

Ah, y un rotulador negro gigante. Ya hablaremos de eso más tarde, pero compra uno si no tienes ya diecisiete como yo en el cajón de los trastos viejos.

En la primera parte del diario revisitaremos algunos conceptos fundamentales en tu camino para que todo te importe una mierda, como la reorganización mental, la satisfacción frente a la irritación, el lenguaje de la opinión y mi método #NoMeArrepiento de dos pasos. Luego pasaremos a la parte práctica. Te enseñaré a hacer un listado de mierdas y te esforzarás en la tarea de meter y sacar cosas de ahí según te convenga.

Ah, ¿y te gusta hacer listas? Entonces, estás de suerte. Mogollón de listas, ¡ya te digo!

Te lo he dicho en serio: lápices. En plural.

RECORDATORIO SOBRE LA PALABROTA EN CUESTIÓN

Que algo «te importe una mierda» o «te importe un cojón» tiene dos significados relacionados:

- Que algo sea «una mierda que te importe» significa preocuparse por algo. ¿Te gusta ver el concurso *Pasapalabra* todos los días a las 7 de la tarde? Entonces, ¡te gusta esa mierda del *Pasapalabra*!
- Pero que «te importe una mierda» también significa de un modo literal que esa cosa te jode. Tu tiempo, tu energía y tu dinero, al que a partir de ahora llamaremos tus «puñeteras mierdas», en un mundo ideal deberían estar al servicio de cosas que te importan (es decir, que esa mierda te importe). Si pasas la tarde viendo *Pasapalabra*, usarás tus energías para asegurarte de que llegas a casa a tiempo para ver el programa.

Por el contrario, cuando algo NO te interesa y NO te importa una mierda, ganas tiempo, energía o dinero para invertir en otros asuntos. De ahí el subtítulo de este diario: «Formas prácticas de preocuparte menos y conseguir más».

Más adelante, llevaremos la analogía de las puñeteras mierdas a su conclusión lógica elaborando un listado de mierdas.

LA REORGANIZACIÓN MENTAL Y EL MÉTODO #NOMEARREPIENTO

Del mismo modo que Marie Kondo tiene su método KonMari para ordenar y reorganizar tu espacio físico, yo tengo mi método #NoMeArrepiento para ordenar y reorganizar tu espacio mental haciendo que según qué mierdas te importen menos y hasta de un modo mejor. Recuerda que, entre otras cosas, el que algo no te importe una mierda significa que no le dedicas tu tiempo, tu energía o tu dinero a cosas que te irritan; así tendrás más recursos para gastar en cosas que te provocan alegría.

El método #NoMeArrepiento consta de dos pasos:

1. Decide qué es lo que no te importa una mierda.
2. Consigue que esas cosas no te importen una mierda.

Y, si completas estos pasos utilizando una combinación de sinceridad y educación, entonces no habrás hecho nada malo, no tendrás nada de lo que sentirte culpable ni nada por lo que disculparte.

Literalmente, te sentirás «not sorry»; es decir, no lo lamentarás.

EL MÉTODO #NOMEARREPIENTO

PASO 1

DECIDE QUÉ ES
LO QUE NO TE IMPORTA
UNA MIERDA.

PASO 2

CONSIGUE QUE ESAS COSAS
NO TE IMPORTEN
UNA MIERDA.

Pero, antes
de que demos
el paso 1…

Te tiene que
empezar a no importar
una mierda lo que
piense la gente.

SENTIMIENTOS FRENTE A OPINIONES

Recuerda: hay dos razones por las que te preocupa lo que piensen los demás:

1. Porque no quieres ser una mala persona.
2. Porque no quieres parecer una mala persona.

Diez cosas que a los gilipollas no les importan una mierda

El espacio personal de los demás

Hacerte esperar

Hablar en el vagón silencioso del tren

Tirar basura en mitad de la calle

Dar una propina adecuada

Generar olores desagradables en espacios reducidos

Usar los intermitentes

Bloquear las escaleras mecánicas

Limpiar los excrementos de sus mascotas

Que sean considerados gilipollas

Lo que quiero decir es que no te tiene que importar una mierda lo que piensen los demás en lo que se refiere a sus opiniones (unas opiniones que tú no puedes controlar, ¿recuerdas?). Y, si aprendes a hablar con la gente en el lenguaje de la opinión (todo el mundo tiene derecho a tener opiniones), creo que te parecerá tanto algo encantador como bastante fácil.

Puedes esquivar por completo la posibilidad de herir susceptibilidades si observas el conflicto a través de la lente de una opinión sencilla y sin emociones.

No serás alguien gilipollas ni parecerás alguien gilipollas.

Y podrás dejar de preocuparte por lo que piensen los demás.

Unas páginas más adelante practicaremos el lenguaje de la opinión, pero antes hablemos de los dos pilares del método #NoMeArrepiento:

LA SINCERIDAD

y

LA EDUCACIÓN

SINCERIDAD Y EDUCACIÓN: UN DÚO EFICAZ

No voy a dejar de insistir en que, cuando se hace correctamente, que algo no te importe una mierda no significa «ser gilipollas».

Para alcanzar los mejores resultados del método #NoMeArrepiento, tienes que comportarte de un modo correcto. Después de todo, lo que no quieres es perder amistades; simplemente, quieres disfrutar más (e irritarte menos) del tiempo que pasas con ellos. No quieres hacer enfadar a la familia; quieres coexistir pacíficamente con todos sus miembros en aquellos momentos que sean convenientes de un modo mutuo para todos los implicados. Etcétera.

Y, a lo largo de años de un riguroso trabajo de campo, he descubierto que una combinación de sinceridad y educación da como resultado una transición más suave hacia menos cosas que te importan una mierda. Y menos relaciones destruidas.

Te dejo a continuación dos frases inspiradoras por si, cuando te las has encontrado durante la lectura, te han pasado desapercibidas. Y porque me encantan los dúos icónicos.

La clave es mezclar
sinceridad y educación en
una combinación perfecta,
como Siegfried y Roy,
Hall y Oates
o Batman y Robin.

Juntos son capaces
de hacer magia,
tocar las notas correctas
y salvar el día.
Y nunca dejan
de complementarse,
incluso si uno brilla
a veces un poco más
o es atacado por un tigre.

Habilidades de traducción: un ejercicio

He incluido en esta página una lista de frases que pueden herir susceptibilidades y hacer que se tengan que exigir disculpas. Puede que sean sinceras, pero distan mucho de ser educadas.

Lenguaje de los sentimientos

1. No voy a ir a tu cena del martes porque me repatea tu novio.
2. No participaré en el disfraz grupal de las Spice Girls porque creo que pareceremos un grupo de viejas vagabundas y penosas.
3. No, no quiero donar a tu estúpida causa para las mascotas.
4. No tengo tiempo para escucharte parlotear sobre mierdas sin sentido.
5. Tengo mejores cosas que hacer que dar una vuelta en un autobús de dos plantas por el centro de Londres con mis suegros.
6. No tengo suficiente dinero para malgastarlo saliendo de copas con compañeros de trabajo que ni siquiera me caen bien.

Habilidades de traducción: un ejercicio

En esta página puedes practicar la traducción de mis afirmaciones al lenguaje de la opinión. Así:

Lenguaje de la opinión

1. Ejemplo: no me viene bien salir los martes.
2. Ejemplo: es que las Spice Girls no son lo mío.
3. ______________________________

   ____
4. ______________________________

   ____
5. ______________________________

   ____
6. ______________________________

   ____

Habilidades de traducción: un ejercicio

(Segunda parte)

Ahora pasemos a las cosas que a TI te importan una mierda. Utiliza esta página para escribir con sinceridad sobre ellas, sin preocuparte por los sentimientos de los demás.

Lenguaje de los sentimientos

1. ______________________________

   ____

2. ______________________________

   ____

3. ______________________________

   ____

4. ______________________________

   ____

5. ______________________________

   ____

6. ______________________________

   ____

Habilidades de traducción: un ejercicio

(Segunda parte, continuación)

Y utiliza esta página para traducir esas afirmaciones al lenguaje de la opinión, sencillo y sin emociones.

LENGUAJE DE LA OPINIÓN

1. ____

____

2. ____

____

3. ____

____

4. ____

____

5. ____

____

6. ____

____

PASO 1

DECIDE QUÉ ES LO QUE TE IMPORTA UNA MIERDA.

SATISFACCIÓN

contra

IRRITACIÓN

SATISFACCIÓN CONTRA IRRITACIÓN

Para completar el paso 1 del método #NoMeArrepiento (decidir qué te importa una mierda), te recomiendo no que te preguntes qué te produce satisfacción, sino qué es lo que te irrita. Esto se debe a que me parece que salir de un estado actual de irritación es más motivador que alcanzar un posible estado de satisfacción.

De momento, utiliza las dos páginas siguientes para hacer una lista de las cosas que te irritan. Las anotaciones pueden ser actividades, acontecimientos, conceptos o incluso personas. No te contengas. Volveremos sobre esta lista más adelante, cuando llegue el momento de practicar la presupuestación de las mierdas que te importan.

Cosas que me irritan

Cosas que me irritan

Cosas que me irritan

P. D.: Sería buena idea que vayas pensando dónde esconder este diario mientras no lo estés utilizando.

Lo que satisface
a una persona
puede ser lo que irrite a otra.
Y no pasa nada.

Tus mierdas importantes
son tuyas: valóralas,
priorízalas y repártelas
como mejor te parezca.

La Santa Trinidad de las Mierdas

El número de mierdas
que te tienen que importar
es un bien finito
y precioso.

Cómo equilibrar tu listado de mierdas: un ejercicio

Siempre resulta más sencillo alcanzar tus objetivos si los tienes en una lista, ordenados por prioridad, ¿no? Pues lo mismo podemos decir para tus mierdas; como te he comentado antes, es muy útil clasificarlas según el tiempo, energía y dinero que te cuesten. ¿Cuánto estas dispuesto a sacrificar por ellas? Piensa en qué harías o a qué renunciarías por tus mierdas, y así te será más fácil valorar si merecen la pena.

Elige cinco de las cosas que te irritan de la lista que hiciste en las páginas 28-30. Sitúalas en la columna de la izquierda. Son cosas en las que NO quieres gastar tu tiempo, tu energía y tu dinero.

En la columna de la derecha, anota aquello en lo que SÍ quieras gastar tus mierdas; es decir, algo que podrías hacer si sacaras el tiempo, la energía y el dinero de la columna de la izquierda. Así:

Cosas a las que no quiero dedicar tiempo (irritación)	Cosas a las que quiero dedicar tiempo (satisfacción)
Hacer ejercicio	Dormir
Cosas en las que no quiero desperdiciar mis energías (irritación)	**Cosas en las que quiero gastar mis energías (satisfacción)**
Preocuparme por la amenaza nuclear de Irán	Luchar contra el cambio climático
Cosas en las que no quiero gastar dinero (irritación)	**Cosas en las que sí quiero gastar dinero (satisfacción)**
Camping de lujo	Depilación láser

TIEMPO

A veces, lo único que de verdad quieres es tener más tiempo para tus cosas, y no tener que asistir a compromisos de mierda que te quitan tiempo. ¿En qué quieres priorizar tu tiempo?

Cosas a las que no quiero dedicar tiempo	**Cosas a las que quiero dedicar tiempo**
(irritación)	(satisfacción)

ENERGÍA

A veces, desearías no tener que asistir a eventos y cenas con gente que te importa más bien poco, y que lo único que hacen es desgastarte y quitarte brío para tus cosas. ¿En qué querrías gastar tus energías y en qué prefieres ahorrarla?

Cosas en las que no quiero perder el tiempo	**Cosas en las que quiero dedicar tiempo**
(irritación)	(satisfacción)

DINERO

A veces, decir "no gracias" a cosas caras que no nos importan una mierda es una sabia decisión para nuestro bolsillo. ¿En qué quieres gastar dinero a gusto y en que te irrita tener que hacerlo?

Cosas en las que no quiero gastar dinero (irritación)	**Cosas en las que quiero gastar dinero** (satisfacción)

No digas sí de primeras

En vez de eso, párate un momento y cuestiónate no solo si algo te importa, sino también si se merece algo (es decir, si le dedicas tu tiempo, tu energía o tu dinero como una partida de tu listado de mierdas).

Para. Calcula. Y a lo mejor no te importa una mierda.

UN RESUMEN DE MIERDA

La magia transformadora de que haya cosas que te importan una mierda consiste en priorizar. Satisfacción por encima de irritación. Elección frente a obligación. Opiniones frente a sentimientos. Ceñirse a un listado. Tener los ojos en el objetivo.

Repasemos lo básico: las herramientas y los procesos para decidir si algo te importa una mierda para que puedas decidir si te importa una mierda o:

- ¿La mierda que te va a importar (o no importar) solo te afecta a ti? ¿O también a los demás?
- Si es lo primero, ¡llevas mucha ventaja!
- Si es lo segundo, primero tiene que dejar de importarte una mierda lo que piensen los demás, antes de pasar a que no te importe una mierda el asunto en cuestión.
- Para ello, piensa en sus opiniones de un modo separado de sus sentimientos.
- No seas gilipollas.
- Ahora consulta tu listado de mierdas: ¿cuánto vale esa mierda para ti? ¿Realmente crees que te merece la pena?
- Si la respuesta es afirmativa, por supuesto, ¡hazlo! Pero si la respuesta es «No», actúa de un modo sincero y educado para que no te importe una mierda y que seas 100 % #NoMeArrepiento de buena fe.

En caso de que seas de esas personas que aprenden de forma visual, aquí tienes un diagrama de flujo para determinar si te importa una mierda. Que no te importe consultarlo a medida que avanzas en tu diario.

NORMA PERSONAL

Como te he comentado antes, una *norma personal* es un concepto que te será muy útil en tu búsqueda de una vida mejor y sin mierdas. Resultan muy interesantes porque nos ayudan a tener claras nuestras prioridades, y a tener claro por qué renunciamos o perseguimos nuestras metas.

Te propongo que te pares a pensar en tus normas personales, según tus prioridades, y que realices el siguiente ejercicio:

> «Tengo como norma personal no__________, porque, si_________ una vez, tengo la sensación de que tendría que_________ a todo el mundo. Y es que no tengo el [tiempo/energía/dinero]; y, si tuviera que elegir, no querría que nadie a quien quiero pensara que lo valoro más o menos que a otras personas.»
>
> «Tengo como norma personal no__________, porque, si_________ una vez, tengo la sensación de que tendría que_________ a todo el mundo. Y es que no tengo el [tiempo/energía/dinero]; y, si tuviera que elegir, no querría que nadie a quien quiero pensara que lo valoro más o menos que a otras personas.»
>
> «Tengo como norma personal no__________, porque, si_________ una vez, tengo la sensación de que tendría que_________ a todo el mundo. Y es que no tengo el [tiempo/energía/dinero]; y, si tuviera que elegir, no querría que nadie a quien quiero pensara que lo valoro más o menos que a otras personas.»

Ya está. No era tan difícil, ¿verdad? En teoría, una norma personal funciona como un penalti en el último minuto: sorprendente, imposible de defender y, si se hace bien, cambia totalmente el partido.

Otras cosas contra las que tal vez tengas una norma personal*

Desayunos de trabajo

Karaoke

Cenas de intercambio de recetas

Cambio de pañales

Conducir más de cuatro horas ida y vuelta mismo en el día

Bob Dylan

Pescado crudo

Nieve

*En realidad, estas son las mías. Puedes escribir las tuyas.

Cosas contra las que tal vez tendría una norma personal

TU MENTE ES UN DESVÁN

Volvamos a lo de la reorganización mental, el proceso por el que clasificarás tus mierdas en las que te satisfacen y las que te irritan.

Al igual que el desorden físico, se trata de descartar las cosas que no quieres o no necesitas y organizar lo que te queda para tener una existencia más feliz y tranquila. En ambos casos, debes saber a qué te enfrentas. Tienes que hacer inventario.

Vamos a hacerlo visualizando tu mente como un gigantesco desván lleno de basura, con cosas que te importan una mierda. ¿Te suena lo del síndrome de Diógenes? Pues lo mismo, pero con cosas que te importan poco o nada.

Para la mayoría de la gente, el problema está en que solo asomamos la cabeza al desván de vez en cuando y nunca pasamos de la montaña de mierda amontonada justo al otro lado de la puerta, y mucho menos hacemos algo con el resto. NO ES SUFICIENTE.

Vas a tener que entrar hasta el fondo y asumirlo todo de verdad antes de tener alguna esperanza de limpiarlo, un proceso que puede conducir a eso que yo llamo «sobrecarga de mierda».

Sobrecarga de mierda

Cuando te enfrentas de golpe a todas las cosas que se espera que te importen una mierda, puede que se te retuerzan las tripas, que te dé un vuelco el estómago y que la cabeza y el corazón empiecen a latirte con fuerza. Pero no desesperes, porque ese es el objetivo. Nuestro objetivo es la sobrecarga de mierda. Creo que necesitas experimentarlo para que reconozcas por completo el tiempo, la energía o el dinero que estás invirtiendo en tus mierdas y para emocionarte ante la posibilidad de una buena poda de una vez para siempre.

Pronto empezarás a hacer inventario de tu desván mental. Identificarás cada mierda que te pidan, la reconocerás, la medirás y pensarás detenidamente si de verdad quieres y necesitas darlo.

Hazlo una vez y a fondo; así tendrás un método para liberarte para siempre, aunque las mierdas que te exijan a lo largo de la vida cambien con el tiempo. No dejarás que ese desorden mental se acumule de nuevo, porque tendrás las herramientas y la perspectiva necesarias para evitar que las cosas que te importan una mierda acaben ahí en primer lugar. ¡Pam!

LAS CUATRO CATEGORÍAS DE MIERDAS POTENCIALES

Vale, de acuerdo. No queremos pasarnos con la sobrecarga de mierda. Intentemos ordenarla en estas cuatro categorías, te resultará más fácil.

Cosas

Trabajo

Amigos, conocidos y desconocidos

Familia

Vayamos por partes. ¿Qué nos dicen estas cuatro categorías?

COSAS

Esta categoría incluye, básicamente, objetos inanimados, además de conceptos. Las cosas no tienen sentimientos, ni expresan opiniones, como sí que lo hacen los humanos. Por todo ello, los convierte en los más fáciles de dejar de importar una mierda.

Algunos ejemplos son estos:

Jardinería	**Pedicura**	**Puntualidad**
Gluten	**TikTok**	**«Tenerlo todo»**
Patinaje sobre hielo	**Las noticias**	**Beber ocho vasos de agua al día**

(A mí me importan una mierda cuatro de estas cosas, ¡pero tal vez a ti sí te importen!)

Las próximas páginas son un espacio para que anotes todas las cosas que quizá estén exigiendo buena parte de tu tiempo, tu energía o tu dinero, sin importar si quieres incluirlas o no en tu listado de mierdas.

Haz balance de tu desván mental. ¿Cuáles son las cosas que te encuentras en el desván que te hacen suspirar de placer? ¿Y cuáles te generan una sensación en el estómago que se parece a un tenedor atascado en el triturador de basura?

¿Te satisfacen o te irritan?

De momento, no importa. Anótalo todo.

Cosas que pueden importarme una mierda o no

(Un inventario)

Cosas que pueden importarme una mierda o no

(Un inventario)

Cosas que pueden importarme una mierda o no

(Un inventario)

Cosas que pueden importarme una mierda o no

(Un inventario)

Cosas que pueden importarme una mierda o no

(Un inventario)

Y, ahora, ¡a por el trabajo!

TRABAJO

Gestionar el trabajo es algo más complicado que las «cosas», ya que implica que tiene más implicaciones que objetos/conceptos/actividades. Aun así, resulta más difícil que tratar con amistades y familiares.

Afortunadamente, existen distintas estrategias para disminuir el volumen de mierdas que conlleva el trabajo.

Imagina que en las paredes de tu desván hay un conjunto de archivadores metálicos abollados. Saca todos los cajones, uno por uno, y haz una lista de todas las mierdas relacionadas con el trabajo que encuentres dentro. Y no olvides las subcategorías, como jefes, compañeros de trabajo, política de oficina, reuniones, informes, etc.; y luego las sub subcategorías, como los sentimientos de los compañeros de trabajo, los cumpleaños y las mascotas enfermas. Ya sabes lo que voy a decir…

¡Enuméralo todo!

Cosas relacionadas con el trabajo que pueden importarme una mierda o no

(Un inventario)

Cosas relacionadas con el trabajo que pueden importarme una mierda o no

(Un inventario)

Cosas relacionadas con el trabajo que pueden importarme una mierda o no

(Un inventario)

Cosas relacionadas con el trabajo que pueden importarme una mierda o no

(Un inventario)

Cosas relacionadas con el trabajo que pueden importarme una mierda o no

(Un inventario)

*¿Te preocupa
que tus amigos
se enfaden contigo
si les dices la verdad
con educación?*

Entonces, es
que te preocupas
demasiado.

AMIGOS, CONOCIDOS Y DESCONOCIDOS

Aunque valoramos a nuestros amigos, a veces podemos irritarlos. La clave es desarrollar una estrategia interna para no preocuparse demasiado por conflictos que podrían dañar una amistad.

Las personas depositan sus problemas emocionales en la mente de los demás, algunas de las cuales se almacenan temporalmente y otras persisten durante años. Es responsabilidad de cada uno qué mierdas nos permitimos en nuestro círculo, y cuáles es necesario eliminar.

Utiliza las próximas páginas para enumerar todas las mierdas que te piden tus amigos, conocidos y desconocidos. De nuevo, tampoco importa si te interesan o no esas mierdas; ponlas todas en la página, por ahora, y ya las clasificaremos más adelante en el diario.

Amigos, conocidos y desconocidos, y cosas relacionadas que pueden importarme una mierda o no

(Un inventario)

Amigos, conocidos y desconocidos, y cosas relacionadas que pueden importarme una mierda o no

(Un inventario)

Amigos, conocidos y desconocidos, y cosas relacionadas que pueden importarme una mierda o no

(Un inventario)

Amigos, conocidos y desconocidos, y cosas relacionadas que pueden importarme una mierda o no

(Un inventario)

Amigos, conocidos y desconocidos, y cosas relacionadas que pueden importarme una mierda o no

(Un inventario)

ESTABLECER LÍMITES

Para evitar irritaciones con amigos, conocidos y desconocidos, es necesario establecer límites en tu vida. Estos límites pueden ser sutiles, como evitar la casa de una pareja con un perro molesto, o más evidentes, como indicar claramente tus preferencias. ¡No hay que tener miedo a poner límites!

Claro está, ayuda mucho ser diplomático a la hora de establecer límites al mantener relaciones con otra gente, como invitar a amigos a lugares donde te sientas más cómodo y evitar confrontaciones innecesarias. Por ejemplo, algo tan simple como llevar el perro con una correa puede evitar molestar a otros.

Límites: un ejercicio

Utiliza las siguientes páginas para escribir sobre algunas ocasiones en las que no has establecido un límite.

¿Qué ocurrió? ¿Terminaste haciendo algo que no querías hacer? ¿Gastando dinero que no podías permitirte? ¿Perdiendo un tiempo que no tenías?

¿Cómo te hizo sentir?

¿Qué puedes hacer para que no vuelva a ocurrir?

Límites: un ejercicio

Límites: un ejercicio

Límites: un ejercicio

Límites: un ejercicio

ES HORA
DE QUE HABLEMOS
DE LA MADRE
DE TODOS LOS
«NO ME IMPORTA
UNA MIERDA».

FAMILIA

Todas esas fotos de grupo, bodas, *bar* y *bat mitzvahs*, bautizos, puestas de largo quinceañeras, vacaciones con todo incluido, sesiones de terapia de grupo, cuñados de derechas, rivalidades entre hermanos, dramas y rencores promueven un constante y diario dar por saco.

Esta es la última vez que tendrás que aventurarte dentro de tu desván mental. Las mierdas de la familia que has estado almacenando allí probablemente estén enterradas bajo un metro de telarañas y resentimientos; pero, en cuanto las desempolves y las saques a la luz, el trabajo duro estará hecho.

Así que haz esa lista final, ¡y haz que valga la pena!

Cosas relacionadas con la familia que pueden importarme una mierda o no

(Un inventario)

Cosas relacionadas con la familia que pueden importarme una mierda o no

(Un inventario)

Cosas relacionadas con la familia que pueden importarme una mierda o no

(Un inventario)

Cosas relacionadas con la familia que pueden importarme una mierda o no

(Un inventario)

Cosas relacionadas con la familia que pueden importarme una mierda o no

(Un inventario)

Cuando te relacionas con la familia, a veces lo único que te apetece hacer es levantar las manos y someterte por OBLIGACIÓN y CULPA. Estoy aquí para decirte que hay alternativas. Por supuesto, no voy a engañarte diciendo que soy capaz de absolverte de todas las inclinaciones culpables hacia tu familia (para eso están las benzodiacepinas recetadas), pero puedo ayudarte a determinar qué aspectos de la vida familiar son realmente dignos de tus mierdas o no son negociables.

Recuerda: tú eres parte de tu familia y también te mereces ser feliz.

COMBINA TUS LISTAS

A estas alturas, ya has adquirido las herramientas necesarias para decidir si algo te importa una mierda o no y has clasificado todas tus posibles mierdas en categorías manejables. Te has paseado por tu desván mental y has iluminado con tu metafórica linterna sus rincones más oscuros, sacando a la luz las mierdas que has estado acumulando desde…, bueno, desde antes de coger este diario.

El paso 1 del método #NoMeArrepiento (decidir lo que no te importa una mierda) está a tu alcance.

Deberías tener cuatro listas exhaustivas de cosas que te importan o que te importan una mierda de cada una de las cuatro categorías: la manifestación física de tu viaje de reorganización de tu desván mental.

Enhorabuena, ya casi has llegado a la parte divertida: ¡tachar cosas!

Lo primero, un poco de limpieza. En las páginas que siguen te he dejado espacio para que copies tus listas en un documento maestro para facilitar la consulta. (Puede parecer pesado, pero no tienes que saltarte este paso, ya que es un precursor necesario de la parte divertida antes mencionada.)

Mi lista maestra de cosas, trabajo, amigos, conocidos, desconocidos y cosas relacionadas con la familia que pueden importarme una mierda o no

(Un inventario)

LA PARTE DIVERTIDA

Ahora, coge ese rotulador negro que te aconsejé que compraras al principio de este proceso y tenlo a mano mientras revisas tu lista maestra, tomando nota de qué mierdas evocan esos sentimientos de satisfacción o irritación en tu corazón, tu cabeza y tus tripas.

Recuerda que algo que sea «una mierda que te importa» equivale a invertir tu tiempo, tu energía o tu dinero en cualquier cosa que aparezca en una de tus listas. Si tachas algo y NO te importa una mierda, GANARÁS más tiempo, energía o dinero para invertir en todo lo demás. (Más adelante, te daré un ejercicio que te ayudará a cuantificar esas ganancias y te inspirará para mantenerte firme cuando sigas hasta el paso 2: lo que no te importa una mierda.) De momento...

¿Notas un agradable aleteo en el pecho o en la ingle? ¡Satisfacción! Deja que tu rotulador mágico pase por encima sin tocar esos elementos igual que el Ángel de la Muerte pasó por encima de los primogénitos de Israel sin tocarlos.

¿Palpitaciones, miedo, náuseas? ¡Alerta de irritación! Todos estos son criterios para tachar una o tres de esas mierdas.

Los objetos de tu lista de «no me importan una mierda» no se merecen ningún agradecimiento. Han consumido tu tiempo, tu energía y tu dinero durante demasiada parte de tu vida. Así que lo que quiero que hagas es esto: cuando tu rotulador negro pase por encima de los que te irritan, pise y tache con trazos decisivos las mierdas que por fin has decidido que dejen de importarte, deberías pronunciar un ceremonial: «Que te jodan», para todas y cada una de ellas.

A que sienta bien, ¿eh?

Ya está casi todo listo para dar el segundo paso y empezar a acumular recompensas mágicas que te cambiarán la vida. Estoy encantada de lo lejos que has llegado en tan poco tiempo. Pero, bueno, para asegurarnos de que estamos de acuerdo, ¿qué pasa con las cosas que no has tachado de la lista?

¿Seguro que no quieres replantearte ninguna de ellas?

No se puede sobrevalorar
el poder de la sinceridad.
No puedo decirte
cuántas mierdas más
acabas creando cuando
intentas irte por las ramas.
Dios, incluso esa expresión
suena agotadora.

LAS MIERDAS QUE SÍ ME IMPORTAN

Llevamos un rato insistiendo en lo negativo para así ayudarte a llegar al núcleo de lo que sinceramente no te importa una mierda. Pero el objetivo de hacer estas listas y tachar las cosas que amenazan con desbordar tu listado de mierdas es revelar las que merecen la pena y crear más tiempo y espacio emocional para conservar y dedicarse a esas relaciones y actividades y darles la importancia que se merecen.

Esa es la magia que cambia la vida, en pocas palabras.

Si has consultado el diagrama de flujo, has seguido los pasos y has determinado que, efectivamente, hay cosas en tu lista que son mierdas que te importan, adelante. Que algo te importe es fácil. No me necesitas para eso. (Aunque te agradezco tu patrocinio.)

Para todo lo demás, es hora de poner en práctica el paso 2 del método #NoMeArrepiento: que no te importe una mierda.

PASO 2

QUE ESAS COSAS NO TE IMPORTEN UNA MIERDA.

¡Mírate, en la cima de que las cosas no te importen una mierda! La vista desde aquí arriba es bastante especial, ¿no?

En la primera mitad del diario, aprendiste a calificar las mierdas que te importan y las que no en función de si te irritan o te satisfacen. Aprendiste a cuantificarlas en función de si encajan en tu listado de mierdas. Y te he mostrado las herramientas y la perspectiva (a saber: sentimientos, opiniones, sinceridad y educación) con las que hacer esos cálculos.

Has hecho todas esas listas y has decidido qué mierdas no te importan. Tal vez incluso has tenido que comprar un nuevo rotulador negro porque el primero se quedó sin tinta (pasa a veces, lo he visto). Te felicito.

Pero está a punto de ser mucho mejor, porque ahora van a dejar de importarte una mierda.

¿Sientes una gran emoción? ¡Genial!

¿Muchos nervios? No te preocupes, yo también los tenía. Lo superé.

Y el siguiente ejercicio seguro que también te ayudará a ti a superarlo.

CUANDO ALGO NO TE IMPORTA UNA MIERDA, ESO QUE GANAS

Como sabes, el tiempo, la energía y el dinero son los recursos que recuperas cuando dejas de darle importancia a las mierdas. Y es muy útil tenerlos en cuenta cuando te preparas para que te dejen de importar esas mierdas, es decir, cuando te preparas para decir «No» a las personas, cosas, celebraciones, tareas y obligaciones que ya no merecen un lugar de honor en tu listado de mierdas.

Darte cuenta de tus logros libera endorfinas en tu cerebro. Y, según mi opinión profesional, las endorfinas son mágicas. Piensa en esto, dales a esos nudillos un buen crujido y afila el lápiz, porque es hora de hacer otra lista.

A lo largo de las próximas páginas vamos a resucitar algunas de esas mierdas que no te importan de debajo de su mortaja de rotulador negro.

NOTA: No pretendo que reconsideres tus decisiones de descarte. Al contrario, lo hago para ayudarte a visualizar todo lo que ganarás cuando procedas con el paso 2.

Que algo no te importe
una mierda requiere
preparación y delicadeza.
Tienes que dejarlo claro
para ti mediante un recorrido
por tu desván mental,
y haciendo listas y cuadrando
tu listado de mierdas,
para actuar luego
en consecuencia.

¿Y qué gano yo?: un ejercicio

Vuelve a tu lista maestra de la página 285 y selecciona de cinco a diez[10] cosas que has decidido que te importan una mierda. (Me doy cuenta de que puede ser difícil verlas a través de la oscura marca de tu rotulador, pero tengo la sensación de que todavía las tienes bastante frescas en tu cabeza.)

Piensa en cada cosa con detenimiento y pregúntate: «Cuando deje de darle importancia a esto, ¿qué ganaré?».

Marca una pequeña T al lado de todas las mierdas que ya no te importan y que te proporcionarán más tiempo para gastar como quieras. Luego escribe una E de energía y, por último, una D de dinero.

Cinco-diez mierdas que ya no me importan (cosas)

Para el ejercicio anterior, puede que te venga bien recordar el diagrama de Venn.

(10) Si, a estas alturas, no tienes un mínimo de cinco cosas en tu desván mental que te importan una mierda, no necesitabas este diario o no lo estás haciendo bien.

Qué gano al no importarme una mierda esas cosas:

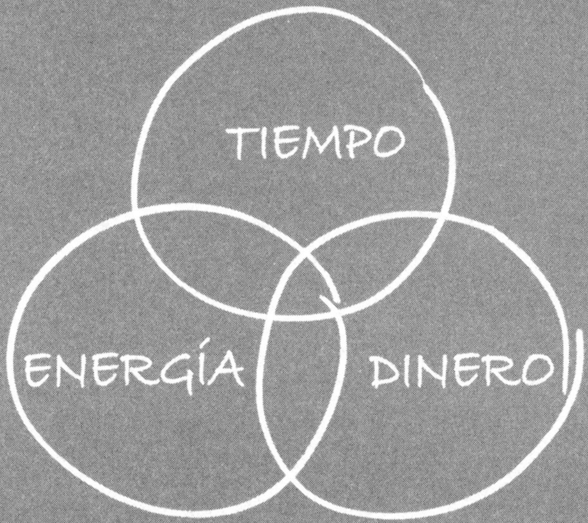

Como ves, algunas de tus mierdas te costarán tiempo y energía, otras dinero y tiempo, o energía y dinero. O las tres a la vez. Estas últimas son las peores mierdas, esas de las que hay que deshacerse. En la siguiente página te muestro, en mi caso personal, cómo podría clasificar mis mierdas según el diagrama de Venn.

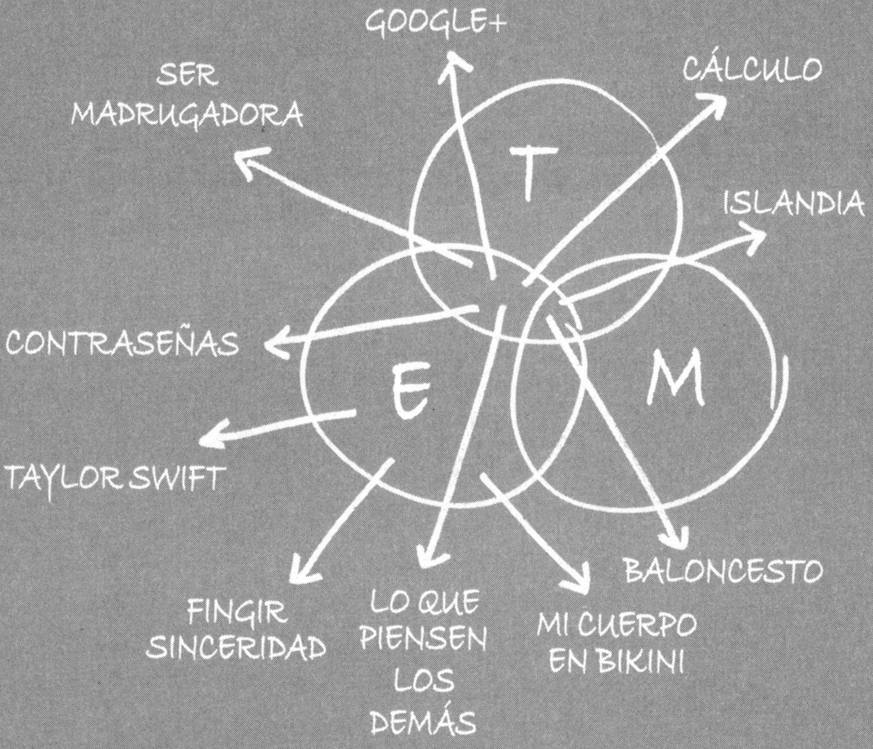
GOOGLE+
SER MADRUGADORA
CÁLCULO
T
ISLANDIA
CONTRASEÑAS
E
M
TAYLOR SWIFT
BALONCESTO
FINGIR SINCERIDAD
LO QUE PIENSEN LOS DEMÁS
MI CUERPO EN BIKINI

Cinco-diez mierdas que ya no me importan (trabajo)

Al no importarme estas mierdas, gano:

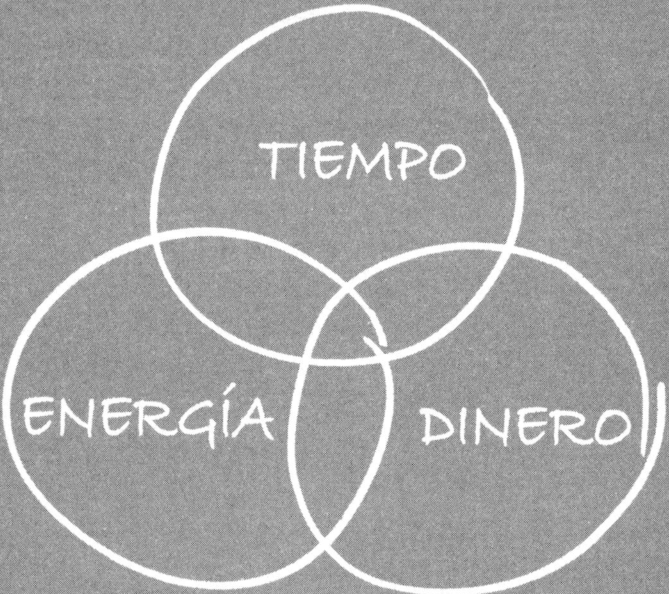

**Cinco-diez mierdas
que ya no me importan
(amigos, conocidos y desconocidos)**

Al no importarme
estas mierdas, gano:

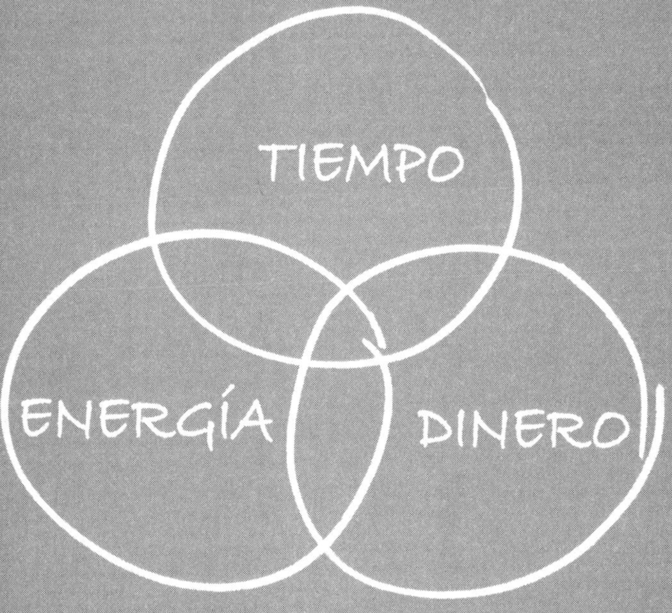

Cinco-diez mierdas que ya no me importan (familia)

____________________	____________________
____________________	____________________
____________________	____________________
____________________	____________________
____________________	____________________

Al no importarme
estas mierdas, gano:

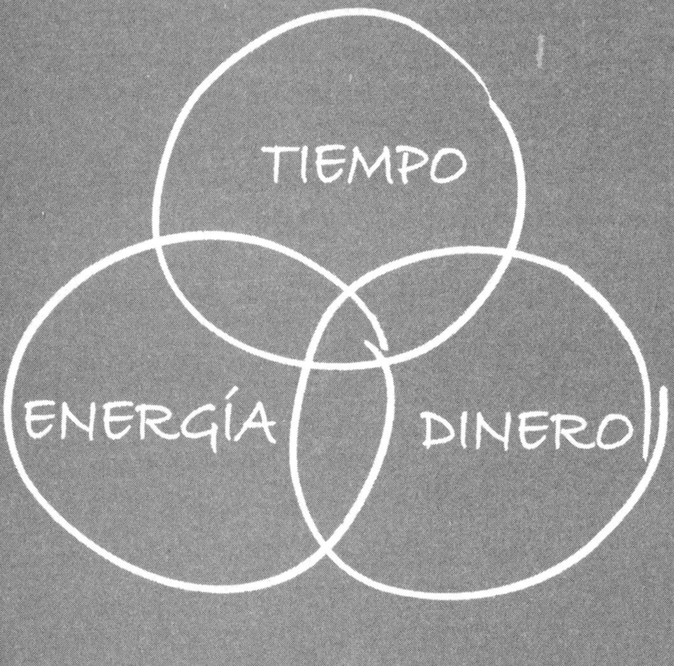

PLANIFICACIÓN Y EJECUCIÓN

¡Uf! Ahora que has despejado tu desván mental y te has mentalizado al darte cuenta de todo el tiempo, la energía y el dinero que vas a ganar cuando haya más cosas que no te importen una mierda, estás oficialmente en el camino para tener una buena vida.

De verdad que desde aquí puedo oler las endorfinas que ya está produciendo tu cerebro.

Para mantener el impulso sin sobrecargarte los músculos recién liberados de la mierda, te voy a exponer un programa diseñado para que cada vez te importen menos mierdas de un modo mejor de la forma más fácil y fluida posible.

La siguiente sección del diario está dividida en tres niveles: mierdas que van a ser fácil, un poco difícil y difícil que te dejen de importar. Te daré ejemplos de cada uno y luego tendrás espacio para escribir tus mierdas (tomadas directamente de tus listas) junto con tus planes para que no te importen y, en última instancia, los resultados de que no te hayan importado.

Así, si las cosas no salen como esperabas, puedes revisar tu estrategia (y tu organigrama), encontrar los puntos débiles de tu planificación o ejecución e intentarlo de nuevo.

Mierda, si es que la práctica hace al maestro.

NIVEL DE AMENAZA AMARILLO: MIERDAS FÁCILES DE DEJAR

Empezaremos por las cosas que solo te afectan a ti, sin preocuparte de herir los sentimientos de los demás (lo cual, como ya sabrás, puede ser algo muy inconveniente). Puede que ni siquiera necesites mostrar educación. De hecho, lo único que tienes que hacer es demostrarte toda la sinceridad necesaria. Por ejemplo:

> ¿No te importa una mierda entender como funcionan los mapas del tiempo? Deja de darte cabezazos contra los mapas que pasan por la televisión, solo para intentar poder impresioanr a tus compañeros de trabajo durante el *afterwork*. No te engañes: a nadie le importan una mierda los mapas del tiempo, solo los dibujitos. En vez de eso, aprovecha ese tiempo para aprender y desarrollar una habilidad sobre algo que realmente te fascine, como aprender a cantar (que seguramente te permitirá impresionar más que un mapa del tiempo), y deja que sea el hombre del tiempo el encargado del tiempo.

Mierdas que no me importan ____________________

Cómo voy a hacerlo:

____

____

____

____

____

____

____

Resultados:

____

____

____

____

____

____

____

Mierdas que no me importan ______________

Cómo voy a hacerlo:

Resultados:

Mierdas que no me importan ____________________

Cómo voy a hacerlo:

Resultados:

Mierdas que no me importan ________________

Cómo voy a hacerlo:

Resultados:

Mierdas que no me importan ______________

Cómo voy a hacerlo:

Resultados:

Mierdas que no me importan ________________

Cómo voy a hacerlo:

Resultados:

Mierdas que no me importan ________________

Cómo voy a hacerlo:

Resultados:

Mierdas que no me importan ____________

Cómo voy a hacerlo:

Resultados:

Mierdas que no me importan ________________

Cómo voy a hacerlo:

Resultados:

Mierdas que no me importan ________________

Cómo voy a hacerlo:

Resultados:

Mierdas que no me importan ________________

Cómo voy a hacerlo:

Resultados:

Mierdas que no me importan ______________

Cómo voy a hacerlo:

Resultados:

Mierdas que no me importan ______________

Cómo voy a hacerlo:

Resultados:

Mierdas que no me importan ________________

Cómo voy a hacerlo:

Resultados:

Mierdas que no me importan ________________

Cómo voy a hacerlo:

____

____

____

____

____

____

____

Resultados:

____

____

____

____

____

____

____

SINCERIDAD: UNA ESCALA VARIABLE

Ya he mencionado antes que la sinceridad y la educación son claves para mandar a la mierda a tus mierdas sin ser un gilipollas: hay que ser directo y honesto. Sin embargo, en situaciones difíciles a veces es necesario ser flexible.

La sinceridad expresada con cortesía es eficaz para no herir sentimientos. La idea es vivir sin arrepentimientos, siendo honesto pero también considerado. ¡Claro que la sinceridad pura está muy bien! Pero hay que ser flexible si es necesario, manteniendo siempre la educación.

Momentos en los que la sinceridad absoluta tal vez no sea el mejor método:

Cuando se trata de cómo cocina otra persona

Cuando no quieres tener que hablar de ello con el terapeuta de nadie

Cuando los Reyes Magos y los niños pequeños forman parte de la ecuación

Cuando se trata de una mujer embarazada

Cuando se trata de tu suegra

Cuando se trata de tu suegra embarazada

NIVEL DE AMENAZA NARANJA: MIERDAS NO TAN FÁCILES DE ABANDONAR

Bien, ahora pasemos a las cosas que representan un gasto excesivo de tu listado de mierdas y que tienes todo el derecho a descartar, pero que también pueden afectar a otras personas y requieren una conversación sobre opiniones o sentimientos. Por ejemplo:

> ¿No te importa una mierda la decisión de tu amigo del instituto de casarse? Es tan fácil como no poner dinero en el regalo común, o no ir a la boda, directamente. ¿Te preocupa que la gente piense en tu posible tacañería? Entonces, tienes que dejar de preocuparte por lo que piensen los demás.

Mierdas que no me importan ________________

Cómo voy a hacerlo:

Resultados:

Mierdas que no me importan ________________

Cómo voy a hacerlo:

____

____

____

____

____

____

____

Resultados:

____

____

____

____

____

____

____

Mierdas que no me importan ________________

Cómo voy a hacerlo:

Resultados:

Mierdas que no me importan ________________

Cómo voy a hacerlo:

Resultados:

Haz
lo
que
te
parezca.

Solo quiero pararme un momento para insistir en que *Las ventajas de mandarlo todo a la mierda* pretende ser inspirador, no tiránico. Puedes cambiar de opinión, revisar tus políticas personales y reasignar teniendo en cuenta esas decisiones.

¿Has oído hablar del «crimen de oportunidad»? Bueno, podrías cometer un crimen de oportunidad.

Ya lo sabes, a mí me importa una mierda el karaoke; pero, si ya estoy en el bar y alguien me pone el micrófono en la mano y estoy lo bastante engrasada con Bacardí…, pasan cosas.

En fin, todo lo que digo es que, en el calor del momento, puede que descubras que esa mierda sí te importa y que incluso te dé una alegría. ¡Fiesta!

O, al menos, alegras a la gente que te ve hacer el ridículo, que no es lo peor que puedes hacer por tus semejantes de vez en cuando.

Mierdas que no me importan ______________

Cómo voy a hacerlo:

Resultados:

Mierdas que no me importan ____________

Cómo voy a hacerlo:

Resultados:

Mierdas que no me importan ______________

Cómo voy a hacerlo:

Resultados:

Mierdas que no me importan _______________

Cómo voy a hacerlo:

Resultados:

Mierdas que no me importan ____________________

Cómo voy a hacerlo:

Resultados:

Mierdas que no me importan ________________

Cómo voy a hacerlo:

____

____

____

____

____

____

____

Resultados:

____

____

____

____

____

____

____

Mierdas que no me importan ____________________

Cómo voy a hacerlo:

Resultados:

Mierdas que no me importan ____________________

Cómo voy a hacerlo:

Resultados:

Mierdas que no me importan ______________________

Cómo voy a hacerlo:

____

____

____

____

____

____

____

Resultados:

____

____

____

____

____

____

____

Mierdas que no me importan ________________

Cómo voy a hacerlo:

Resultados:

Mierdas que no me importan ______________

Cómo voy a hacerlo:

Resultados:

NIVEL DE AMENAZA ROJO: LAS MIERDAS MÁS DIFÍCILES DE ABANDONAR

Para estas mierdas te hará falta dar lo mejor de ti y, sobre todo, una enorme cantidad de calma y tranquilidad. Las mierdas que implican a otras personas tienen un alto potencial para herir sentimientos y ser gilipollas, y a menudo son socialmente inaceptables.

> ¿Te importan una mierda las comuniones, los bautizos y cuestiones similares de tu familia? Estas cosas suelen planearse con bastante antelación. Así es como te pillan, ya que te lo plantean con un: «Ya que te aviso con tiempo, te lo podrás montar para venir, ¿verdad?». Pues podría, pero me importa una mierda. Te recomiendo otro ejercicio de visualización: antes de confirmar alegremente que irás al evento de turno, piensa en si realmente ese día te apetecerá coger cuatro vuelos para ir a una boda en Vietnam.

Mierdas que no me importan ________________

Cómo voy a hacerlo:

Resultados:

Mierdas que no me importan ______________

Cómo voy a hacerlo:

____

____

____

____

____

____

____

Resultados:

____

____

____

____

____

____

____

Mierdas que no me importan ______________

Cómo voy a hacerlo:

Resultados:

Mierdas que no me importan ____________________

Cómo voy a hacerlo:

Resultados:

Mierdas que no me importan ______________

Cómo voy a hacerlo:

Resultados:

Mierdas que no me importan ______________

Cómo voy a hacerlo:

Resultados:

¿Te estás echando
atrás por miedo?

¡Revisa tus normas personales!

Mierdas que no me importan ________________

Cómo voy a hacerlo:

Resultados:

Mierdas que no me importan ___________________

Cómo voy a hacerlo:

____

____

____

____

____

____

____

Resultados:

____

____

____

____

____

____

____

Mierdas que no me importan ________________

Cómo voy a hacerlo:

Resultados:

Mierdas que no me importan ______________

Cómo voy a hacerlo:

Resultados:

Mierdas que no me importan ________________

Cómo voy a hacerlo:

Resultados:

Mierdas que no me importan ______________

Cómo voy a hacerlo:

Resultados:

Mierdas que no me importan ________________

Cómo voy a hacerlo:

Resultados:

Mierdas que no me importan ____________________

Cómo voy a hacerlo:

____

____

____

____

____

____

____

Resultados:

____

____

____

____

____

____

____

Mierdas que no me importan ______________

Cómo voy a hacerlo:

Resultados:

A la mierda quienes odian

En línea con la primera advertencia que te hice sobre que no te importe una mierda lo que piense la gente, quería prestar especial atención a un subgrupo de esas personas: las que odian. En este punto de tu estudio del método #NoMeArrepiento, es probable que te encuentres con algunas de esas personas, y deberías estar preparada. Estas personas están, como mínimo, desconcertadas; y, como máximo, gravemente ofendidas por tus decisiones vitales. Por la razón que sea, no tienen el deseo o los medios para aceptar el método #NoMeArrepiento en sus vidas. Y no pasa nada. Pero no tienes por qué sentir ninguna clase de agobio por su estrechez de miras o su inseguridad. Tu vida es estupenda y cada día es mejor. ¡A la mierda quienes odian!

BONOS DE RENDIMIENTO

¿Hay alguna mierda que te cueste que no te importe? ¿Tal vez las relacionadas con la familia? Lo entiendo, y por eso tengo otro truco para sacar lo mejor de una situación poco ideal: los bonos por rendimiento.

¿Tienes que asistir al almuerzo de padres y madres de alumnos del equipo de baloncesto? Pues aprovecha y llévate algo del almuerzo, y así puedes darle de merendar a tu hijo gratis. ¡Que ellos paguen por el dinero y el tiempo que te han quitado!

Utiliza las dos próximas páginas para hacer una lista de posibles bonificaciones con las que podrías motivarte/recompensarte en momentos de necesidad.

¡Apunta alto! Las vas a necesitar.

Bonificaciones por rendimiento

Bonificaciones por rendimiento

Demuéstrame que tienes lo que debes tener. El ejercicio final

Antes hemos visualizado tus ganancias potenciales para que te animes a dar el paso 2. Ahora que (presumiblemente) ya han dejado de importarte bastantes mierdas, vamos a repasar tus auténticas ganancias.

Esto va a ser bueno.

Tiempo

Si ordenas tus mierdas, ganarás tiempo. Mucho tiempo. Cuanto más ordenes, más tiempo ganarás. ¿Realmente quieres ir a ese club de cine de amigos del barrio?

¿Qué has ganado hasta ahora desde el punto de vista del tiempo? ¿Tres horas? ¿Diez minutos? ¿Un fin de semana al mes? Me huele a lista.

Tiempo que he ganado por no importarme una mierda

Actividad	Beneficio
Ejemplo:	
No ver el vídeo Music Awards	2 horas

Energía

Luego, si te quitas de encima cosas que no te importan, más allá de ganar tiempo, irás más descansada y lo verás todo con mejores ojos. ¿Realmente tienes necesidad de ir cada mañana al gimnasio antes de trabajar? ¿No tienes ya bastante con el trabajo? ¿No sería suficiente con un par de días? ¿Cuánto más descansada estarías?

¿En qué has empleado toda tu nueva energía?

Energía que he ganado por no importarme una mierda

Actividad	Beneficio
Ejemplo:	
No emborracharme un lunes a base de mojitos con los compañeros de trabajo	Las ganas de vivir el martes

Dinero

Finalmente, piensa en la de dinero que podrías ahorrarte si dejaras de hacer cosas que te cansan y que te quitan tiempo. Fíjate en las dos anteriores listas... ¿Cuánto vale todo ese tiempo y toda esa energía? ¿Cuánto dinero podrías ahorrar si no fueras a ese club de cine de amigos del barrio para quedarte en casa descansando? Empieza a hacer números.

¡Suma y sigue!

Dinero que he ganado por no importarme una mierda

Actividad	Beneficio
Ejemplo:	
No ir a esa despedida de	1.000 €
soltero en Florencia	

El camino hacia
un disfrute de lo mejor
de tu vida está asfaltado
con horas recuperadas,
nuevos bríos y dinero
contante y sonante.

MIERDEFELICIDADES, ¡LO HAS CONSEGUIDO!

Si has llegado hasta aquí, es porque realmente querías cambiar. Sentías hartazgo de ver tu vida como una serie de obligaciones que cumplir, personas a las que tolerar y casillas del calendario que barajar desesperadamente hasta que un bendito comodín en forma de tarde libre apareciera de repente.

O tal vez este libro fue un regalo de alguna amistad, en cuyo caso probablemente estaba tratando de decirte algo e hiciste bien al escucharlo.

Sea cual sea el camino que te ha traído hasta aquí, a estas alturas sabes que lo mejor de tu vida lo tienes ya al alcance de la mano y de los parámetros de tu listado de mierdas. Espero que encuentres en *Las ventajas de mandarlo todo a la mierda* una herramienta útil a la que volver en momentos de necesidad, siempre que las cosas, el trabajo, los amigos, conocidos y desconocidos y la familia empiecen a invadir los confines de tu desván mental.

Recuerda: muestra sinceridad, muestra educación, no seas gilipollas y todo irá bien.

EPÍLOGO

En el tiempo que ha pasado desde que comencé a escribir *Las ventajas de mandarlo todo a la mierda* he visto a muchas personas sacrificarse por un montón de cosas que no querían ni necesitaban. He sido testigo de amigos trabajando durante el fin de semana sin compensación adicional, personas que acuerdan citas a las que no tienen ganas de ir y mi propio marido entablando una batalla perdida con un empleado del centro de atención telefónica. Me anima saber que el método #NoMeArrepiento ahora está disponible para todas estas personas en su momento de necesidad, una filosofía central para ayudarlas a sobrellevar mejor su vida de aquí en adelante.

En 1837, Hans Christian Andersen escribió un cuento titulado *El traje nuevo del emperador*, en el que un monarca delirante desfila desnudo por la ciudad, seguro de que lleva un traje tan fino que es invisible a los ojos de los imbéciles... porque eso le han hecho creer los estafadores que le vendieron el traje. El propio emperador no puede verlo, pero, por supuesto, nunca lo admitiría. Tampoco lo harían sus numerosos consejeros, que desean mantener sus puestos de trabajo. Y los asistentes al desfile no solo fingen ver las prendas, sino que alaban la belleza de la tela y la delicadeza de la sastrería. Hasta que un niño grita: «¡Pero si está desnudo!». Al fin, la multitud, liberada por la verdad, admite que puede ver lo que ha estado frente a ellos todo el tiempo.

Me gusta pensar en mí misma como ese niño. Nada más que el emperador es la sociedad y su ropa es una carga en mi vida de tiempo, energía y dinero derrochados, y yo estoy aquí gritando:

«¡A la mierda!».

Y vosotros, los habitantes del pueblo, tampoco tenéis por qué hacerlo.

Este es mi sueño.

Y, aunque todavía tengo pendiente alcanzar el nirvana #NoMeArrepiento, cada día voy llegando más alto en el camino de la iluminación. Por ejemplo, esta semana me ha importado menos que nunca la comida tailandesa, la televisión nocturna (¡te echaré de menos, Jon Stewart!) y el Comité Nacional Demócrata. Dejad de llamarme, chicos. En serio, es muy molesto.

Por último, he pasado mucho tiempo justificando el concepto de mandar a la mierda con aquellas personas que piensan que suena... un poco malévolo. Un poco cruel. ¿Rozando la sociopatía, tal vez?

Eso está muy mal. Por un lado, no quiero que piensen mal de mí. Pero, por el otro, estoy aquí viviendo mejor mi vida.

¿Y adivina qué? No me arrepiento.

DEJA DE SACRIFICARTE

¡Y COMIENZA A VIVIR MEJOR TU VIDA!

AGRADECIMIENTOS

Me siento afortunada de vivir en una época en la que las celebridades mandan a la mierda públicamente y las personas de a pie también y, además, estas escenas son transmitidas a lo largo y ancho del mundo. Sin ningún orden en particular, me gustaría agradecer a los miembros del Salón de la Fama de Mandar Todo a la Mierda[11] por inspirarme todos los días mientras escribía este libro:

(11) ¿Tienes tus propias propuestas para el Salón de la Fama? Mándalas al correo electrónico magicofnotgaf@gmail.com. ¡Me encantan los correos de lectores!

El salón de la fama de mandar todo a la mierda

3 de octubre de 1992: Sinéad O'Connor rompe una foto del papa en *Saturday Night Live*.

20 de enero de 2015: Ruth Bader Ginsburg se duerme durante el informe presidencial estadounidense... porque estaba borracha.

25 de julio de 1965: Dylan y su «controversia eléctrica».

13 de septiembre de 2009: «Te voy a dejar terminar» en la entrega de los Premios MTV de 2009, con la participación de Kanye West.

28 de febrero de 2011: Charlie Sheen aparece en *The Today Show*, exige tres millones de dólares por episodio de *Dos hombres y medio* y afirma tener ADN de «sangre de tigre».

7 de junio de 1993: Prince cambia su nombre a un símbolo impronunciable con el fin de romper su contrato con Warner Brothers.

15 de diciembre de 2011: muere Christopher Hitchens, grande en mandar todo a la mierda.

10 de marzo de 2003: Natalie Maines le dice a una audiencia en Londres que las Dixie Chicks «están avergonzadas de que el presidente de Estados Unidos sea de Texas».

16 de febrero de 2007: Britney Spears se afeita la cabeza, se tatúa y, una semana después, ataca un coche con un paraguas.

21 de octubre de 1992: Madonna publica un tomo de lujo de fotos eróticas titulado *Sex* que presenta a su entonces novio, Vanilla Ice.

21 de septiembre de 2015: la Rata de la Pizza manda todo a la mierda.[12]

* * *

Mi marido, Judd Harris, me ofrece la mayoría de sus recursos a diario. No solo eso, me ha estado entrenando para vivir mejor mi vida desde 1999. Es fantástico, caramba.

Mi agente, Jennifer Joel, es el epítome de la sofisticación y la clase, por lo que su sello de aprobación en este proyecto ha significado mucho para mí. Su apoyo ha sido completo e inquebrantable desde el principio. Ella es una maldita estrella.

Mi editor, Michael Szczerban, me ha salvado de mí misma en una gran cantidad de páginas y lo ha hecho en los plazos más ajustados y con gran aplomo. Es un editor brillante y también un tipo jodidamente bueno.

Muchas personas en Little, Brown e ICM (incluidos, entre otros, Ben Allen, Reagan Arthur, Sabrina Callahan, Meghan Deans, Nicole Dewey, Liz Farrell, Lauren Harms, Sarah Haugen, Andy LeCount, Charles McCrory, Garrett McGrath, Madeleine Osborn, Miriam Parker, Tracy Roe, Cheryl Smith y Tracy Williams) cedieron generosamente sus recursos a todos los aspectos de la publicación de este libro. Jane Sturrock, de Quercus, en el Reino Unido; Frederika van Traa, de Kosmos, en Holanda; Mariana Rolier, de Rocco, en Brasil, y Ullstein

(12) <https://www.youtube.com/watch?v=UPXUG8q4jKU>

Verlag, en Alemania, lideraron la carga internacional. ¡Adelante, equipo ALACH!

Mis padres ni se inmutaron ante el título. Pero, eso sí: a mi abuela le dijeron que estaba escribiendo un libro sobre la magia de hacer lomo a la pimienta.

Por último, *Las ventajas de mandarlo todo a la mierda* no habrían sido tan exhaustivas sin las contribuciones de cientos de personas en todo el mundo que han respondido a mi encuesta anónima y que, por tanto, permanecerán en el anonimato. También ha habido algunas docenas de amigos y familiares que han ofrecido inspiración en el camino y que tal vez *preferirían* permanecer en el anonimato. Puedo respetar eso.

Una vez que leas el libro sabrás quién eres tú… y sabrás que te lo agradezco.